Croeseiriau Cymraeg-Saesneg 1

Welsh-English Crosswords 1

www.crossmots.com

Keith Lucas yw'r prif Grosmotiwr, ac mae wedi cyhoeddi Crossmots mewn sawl gwlad. Cyn ymddeol, bu Keith yn gweithio ym myd addysg ar ôl graddio yn y pwnc hwnnw o Brifysgol Aberystwyth. Mae ganddo hefyd gymwysterau ôl-radd mewn cyfrifiadura.

Graddiodd Glyn Jones o Brifysgol Bangor gyda gradd mewn Iaith a Llenyddiaeth Gymraeg. Dechreuodd ar ei yrfa gyfieithu a chyfieithu ar y pryd yn y sector cymunedol a phreifat, cyn dychwelyd i'w hen brifysgol yn gyfieithydd.

Crossmots:

Croeseiriau mewn dwy iaith. Os yw'r cliw mewn un iaith, mae'r ateb mewn iaith arall. Ar gael mewn amryw o ieithoedd: e.e., Ffrangeg, Portiwgaleg, Iseldireg, Sbaeneg, a bellach, Cymraeg.

- Dyfeisiwyd gan luniwr croeseiriau proffesiynol a chyfieithwyr medrus.
- Ar gael mewn sawl gradd o anhawster, mewn gwahanol ieithoedd ac mewn sawl diwyg.
- Yn hwyl, ac yn anodd eu rhoi o'r neilltu.
- Wedi'u cynllunio ar gyfer siaradwyr Saesneg sydd hefyd yn siarad iaith arall.
- Yn berffaith ar gyfer croeseirwyr achlysurol a hen lawiau.
- Yn berffaith ar gyfer myfyrwyr iaith mewn addysg bellach ac uwch, ac ar gyfer dysgwyr Cymraeg a siaradwyr rhugl fel ei gilydd.

Crossmots

Dryswch yn y Gymraeg a'r Saesneg!

Cynnwys y posau a dyluniad y cynllun gan Scribo Puzzle Publishing Ltd 2022

Cyhoeddwyd y gyfres hon yn 2022

Gwerthir y llyfr hwn yn ddarostyngedig i'r amod na chaiff, drwy fasnach neu fel arall, ei fenthyg, ei ailwerthu, ei logi neu fel arall ei ddosbarthu heb ganiatâd ysgrifenedig y cyhoeddwr ymlaen llaw ar unrhyw ffurf neu mewn unrhyw glawr neu rwymiad ac eithrio'r cyfryw a'i cyhoeddi ynddo a heb osod amod tebyg gan gynnwys yr amod hwn, ar y prynwr dilynol. Cedwir pob hawl

Argreffir ledled y byd.

Sylwer
Yn y croeseiriau hyn, dilynir yr egwyddor o un nod i bob blwch. Golyga hyn y bydd pob un o'r llythrennau deuol: *ch, dd, ff, ng, ll, ph, rh* a *th* yn cael dau flwch. Byddai gair fel 'LLADD' er enghraifft, yn llenwi pum blwch.

Please Note
In these crosswords, the principle is followed of using one character per box. This means that each of the Welsh digraphs: *ch, dd, ff, ng, ll, ph, rh and th*, although considered as single letters, would take up two boxes. For example, the Welsh word 'LLADD' (Kill) would fill five boxes.

Rhif 1

Ar draws

7 Craeniau (6)
8 Cynorthwy-ydd (6)
9 Trawst (4)
10 Room (8)
11 Delfrydol (5)
12 Cerddoriaeth (5)
15 Escape (5)
16 Priodas (7)
18 Explanation (8)
19 Acid (4)
21 Dark (6)
22 Yn Ddiweddar (6)

I lawr

1 Creulon (5)
2 Seems (2,9,2)
3 Hospitals (7)
4 Cau (5)
5 Murder (13)
6 Clover (8)
13 Meaningless (8)
14 Hawdd (7)
17 Maes (5)
20 Segur (4)

Rhif 2

Ar draws

7. Perpendicular (13)
8. Gweithredu (8)
9. Unawd (4)
10. Papers (7)
12. Yr Aifft (5)
14. Freeze (5)
16. Believe (2,5)
19. Teddy (4)
20. Wedi ei heintio (8)
22. Môr Y Canoldir (13)

I lawr

1. Wylo (4)
2. Operas (6)
3. Cychwynnol (7)
4. Mathau (5)
5. Important (6)
6. Carlamu (8)
11. Athletwyr (8)
13. Alert (2,5)
15. Wiring (6)
17. Rasio (6)
18. Crwyn (5)
21. Thread (4)

Rhif 3

Ar draws

- 7 Fund (6)
- 8 Elderly (6)
- 9 Teddy (4)
- 10 Quickly (2,6)
- 11 Division (2-5)
- 13 Blind (5)
- 15 Arddull (5)
- 17 Reasoning (7)
- 20 Ymarfer (8)
- 21 To Love (4)
- 22 Costus (6)
- 23 Diwedd (6)

I lawr

- 1 Gorchmynion (6)
- 2 Chew (4)
- 3 Alarms (7)
- 4 Swear (5)
- 5 Fortunately (2,6)
- 6 Stand (6)
- 12 Bregus (8)
- 14 Lladron (7)
- 16 Arswyd (6)
- 18 Morol (6)
- 19 Not (3,2)
- 21 Côd (4)

Rhif 4

Ar draws

- 7 Arfer (6)
- 8 Sydd eu hangen (6)
- 9 Soffa (4)
- 10 Rheilffyrdd (8)
- 11 They (5,2)
- 13 Gwirioneddol (5)
- 15 Stwff (5)
- 17 Geese (7)
- 20 Election (8)
- 21 Comb (4)
- 23 Delfrydau (6)
- 24 Adapt (6)

I lawr

- 1 Migration (4)
- 2 Strain (6)
- 3 Interfere (7)
- 4 Malwen (5)
- 5 Kept (6)
- 6 Situation (8)
- 12 Uchder (8)
- 14 Goods (7)
- 16 Phones (6)
- 18 Penderfynu (6)
- 19 Jigsaw (3-2)
- 22 Jesus (4)

Rhif 5

Ar draws

1. Your (4)
3. Cyngres (8)
9. Tick (7)
10. Lived (2,3)
11. We must (4,5,1,2)
13. Urban (6)
15. Incwm (6)
17. Struggle (5,2,5)
20. Ceisiodd (5)
21. Multiple (7)
22. Means (2,6)
23. Donkey (4)

I lawr

1. Amcangyfrif (8)
2. Beicio (5)
4. Sides (6)
5. Encyclopaedia (12)
6. Explaining (7)
7. Sure (4)
8. Actual (12)
12. Doctors (8)
14. Ysgythriad (7)
16. Salary (6)
18. Gwerddon (5)
19. Aros (4)

Rhif 6

Ar draws
1. Penderfynodd (7)
5. Punt (5)
8. Contrasts (13)
9. Sgïo (3)
10. Practical (9)
12. Type (6)
13. Yn gogwyddo (6)
15. Existence (9)
16. Nac Yn (3)
18. Opposition (13)
20. Yn perthyn i'r lleuad (5)
21. Dyluniadau (7)

I lawr
1. Hwyaid (5)
2. Computers (13)
3. Acceptable (9)
4. Doors (6)
5. Pie (3)
6. Dealltwriaeth (13)
7. Dyblu (7)
11. Yn dychryn (9)
12. Probable (7)
14. New (6)
17. Reidiau (5)
19. Honna (3)

Rhif 7

Ar draws

1. Pedals (7)
5. Dylai (5)
8. Settee (5)
9. Bagiau (7)
10. Adloniant (13)
11. Tâl (6)
12. Ystâd (6)
15. Byrfoddau (13)
18. Play (7)
19. Arall (5)
20. Sink (5)
21. Sicr (7)

I lawr

1. Pâst (5)
2. Spoil (7)
3. Rink (5,8)
4. Dadlwytho (6)
5. Sefydliadau (13)
6. Gradd (5)
7. Theatr (7)
11. Cyfleoedd (7)
13. Arall (7)
14. Sinema (6)
16. Life (5)
17. Street (5)

Rhif 8

Ar draws

1 Llwgu (6)
4 Graddfeydd (6)
9 Eating (2,5)
10 Language (5)
11 Danish (5)
12 Wraniwm (7)
13 Evaluate (5,1,5)
18 Current (7)
20 Gwyntoedd (5)
22 Expedition (5)
23 Rinks (7)
24 Injan (6)
25 Ynys (6)

I lawr

1 Jobs (6)
2 On Top Of (2,3)
3 Mordeithiau (7)
5 Tsieina (5)
6 Colours (7)
7 Cynllun (6)
8 Gweithgynhyrchu (11)
14 Cynhesu (7)
15 Peiriannau (7)
16 Pladur (6)
17 Cyhoeddwyd (6)
19 Oxen (5)
21 Limp (5)

Rhif 9

Ar draws
1. Hefyd (4)
3. Total (8)
9. Gweithwyr (7)
10. Amheuaeth (5)
11. Labordai (12)
14. Name (3)
16. Traethawd (5)
17. Cyfnod (3)
18. Precision (12)
20. Sychach (5)
22. Sponges (7)
23. Rest (8)
24. Rung (4)

I lawr
1. Affection (8)
2. Sgrwbio (5)
4. Ash (3)
5. Received (1,11)
6. Gwasgu (7)
7. Gwyfyn (4)
8. Exercise (7,5)
12. Blasus (5)
13. Llond Llaw (8)
15. Rhyfelwr (7)
19. Awyddus (5)
20. Angry (4)
21. Swil (3)

Rhif 10

Ar draws

1. Pancake (7)
5. Tiwlip (5)
8. Europeans (9)
9. Belly (3)
10. Monthly (5)
12. Anifeiliaid (7)
13. Examples (13)
15. Gwenithfaen (7)
17. Rhosod (5)
19. Fetch (3)
20. Add (9)
22. Anffodus (5)
23. Diwerth (7)

I lawr

1. Hufen (5)
2. Clust (3)
3. Poblogaidd (7)
4. Differences (13)
5. Melting (5)
6. Llyfrgelloedd (9)
7. Palaces (7)
11. Rhoi Arwydd (9)
13. Peiriannau (7)
14. Maddeuodd (7)
16. Up (1,4)
18. Cau (5)
21. Llygad (3)

Rhif 11

Ar draws

7 Could (6)
8 Sleeves (6)
9 Art (4)
10 Essential (8)
11 Trafferth (7)
13 Meaning (5)
15 Buchesi (5)
16 Ymwelydd (7)
18 German (8)
19 Gwir (4)
21 Shoot (6)
22 Digon (6)

I lawr

1 Niwl (4)
2 Murder (13)
3 Nosweithiol (7)
4 Gogwydd (5)
5 Arddangosiad (13)
6 Cyfystyron (8)
12 Rails (8)
14 Cyrsiau (7)
17 Trwyn (5)
20 Annog (4)

Rhif 12

Ar draws

7 Mistakes (13)
8 Otherwise (3,5)
9 Yn gwybod (4)
10 Llygad Haul (7)
12 Gwladwriaeth (5)
14 Ers (5)
16 Pwnc (7)
19 Gay (4)
20 Motions (8)
22 Trust (13)

I lawr

1 Tudalen (4)
2 Syfrdan (6)
3 Embarrassed (7)
4 Another (5)
5 Siaced (6)
6 Mawreddog (8)
11 Gwisgoedd (8)
13 Mwy Doniol (7)
15 Fable (6)
17 Jugs (6)
18 Sgôr (5)
21 Ar (4)

Rhif 13

Ar draws

- 7 Uncle (6)
- 8 Isolated (6)
- 9 Under (1,3)
- 10 Gwerthfawr (8)
- 11 Bright (7)
- 13 Spinning (5)
- 15 Bakery (5)
- 17 Weindio (7)
- 20 Caledi (8)
- 21 Rare (4)
- 22 Marwol (6)
- 23 Roced (6)

I lawr

- 1 Bundle (6)
- 2 Syfrdanu (4)
- 3 Groups (7)
- 4 Puppet (5)
- 5 Ashamed (8)
- 6 Hylif (6)
- 12 Showers (8)
- 14 Maes Awyr (7)
- 16 Wedi dileu (6)
- 18 Hoelio (6)
- 19 Byddent (4'1)
- 21 Dewis (4)

Rhif 14

Ar draws

7 Stem (6)
8 Lledaenu (6)
9 Pay (4)
10 Departed (8)
11 Glan Y Môr (7)
13 Stribed (5)
15 Rhost (5)
17 O waith dyn (3-4)
20 Ymbarél (8)
21 Calch (4)
23 Neidiodd (6)
24 Archebion (6)

I lawr

1 Yoga (4)
2 Materion (6)
3 Urged (7)
4 O'r neilltu (5)
5 Beam (6)
6 Origin (8)
12 Enfawr (8)
14 Paradocs (7)
16 Sgript (6)
18 Alaw (6)
19 Sleid (5)
22 Dim ond (4)

Rhif 15

Ar draws

1. Charm (4)
3. Ynysig (8)
9. Athletwr (7)
10. Longddrylliad (5)
11. Assistant (12)
13. Admire (6)
15. Gweddi (6)
17. Unrhyw (3)
18. Climate (8)
22. Porfelu (5)
23. Unnecessary (7)
24. Receive (2,6)
25. According to (2,2)

I lawr

1. Wedi Chwilio (8)
2. Oxen (5)
4. Shoot (6)
5. Downstairs (4,1,7)
6. Dydd Mawrth (7)
7. Dug (4)
8. Urddolaeth (7)
12. Electrical (8)
14. Dynolryw (7)
16. Canol dydd (6)
19. Wagon (5)
20. Llynges (4)
21. Seren (4)

Rhif 16

Ar draws

1. Iogwrt (7)
5. Celyn (5)
8. Voted (13)
9. Eto (3)
10. Region (9)
12. Ymyl (6)
13. Police (6)
15. Wasn't (3,4,2)
16. Junior (3)
18. Slavery (13)
20. O dan (5)
21. Chwarddodd (7)

I lawr

1. Iypi (4)
2. Acts (13)
3. Tanlinellu (9)
4. Trial (6)
5. Wedi (3)
6. Murder (13)
7. Wanted (7)
11. Privileges (9)
12. Attend (7)
14. Ruin (6)
17. Above (5)
19. Hi (3)

Rhif 17

Ar draws

1. Tenau (7)
5. Grym (5)
8. Dihunodd (5)
9. Fished (7)
10. Murder (13)
11. Get married (6)
12. Damage (6)
15. Writings (13)
18. Penwythnos (7)
19. Income (5)
20. Iseldireg (5)
21. Abruptly (2,5)

I lawr

1. Malwen (5)
2. Economy (7)
3. Geography (13)
4. Dyfroedd Gwyllt (6)
5. Posibiliadau (13)
6. Ysgrifennodd (5)
7. Cyrraedd (7)
11. Purchased (7)
13. Llai o (7)
14. Marwol (6)
16. Mawr (5)
17. Nowhere (5)

Rhif 18

Ar draws

1 Goddef (6)
4 Yn gyflymach (6)
9 Province (7)
10 Job (5)
11 Draenen (5)
12 Nerfus (7)
13 Director (11)
18 Remind (7)
20 Income (5)
22 Cliwiau (5)
23 Amlinelliad (7)
24 Diweddaraf (6)
25 Erasing (6)

I lawr

1 Ystad (6)
2 Deal (5)
3 Parenting (7)
5 Time (5)
6 Transparent (7)
7 Y mwyaf anfoesgar (7)
8 International (11)
14 Iogwrt (7)
15 Crwydro (7)
16 Canslo (6)
17 Whose (1,3,2)
19 Vases (5)
21 Ymlacio (5)

Rhif 19

Ar draws

1. Drink (4)
3. Sibrwd (8)
9. Riot (7)
10. Draenen (5)
11. Corsiog (6)
12. School (5)
15. Celf (3)
17. Reputation (3,2)
18. Sâl (3)
19. Esboniadau (12)
22. Limp (5)
23. Pasture (3,4)
24. Goryrru (8)
25. Peak (4)

I lawr

1. Gestures (8)
2. Gwall (5)
4. Mochyn (3)
5. Boddhaol (12)
6. Economy (7)
7. Canodd (4)
8. Devils (12)
13. Snatched (5)
14. Fflachio (8)
16. Tecstilau (7)
20. Arogl (5)
21. Flavour (4)
23. Tun (3)

Rhif 20

Ar draws

1. Traffig (7)
5. Percent (1,4)
8. Amusement (9)
9. Clust (3)
10. Sinks (7)
12. Identical (5,2,2,4)
14. Style (7)
16. Sylfaenol (5)
18. Aer (3)
19. Invisible (9)
21. Chase (5)
22. Confident (7)

I lawr

1. Llanw (5)
2. Tool (3)
3. Estron (7)
4. Squirt (13)
5. Oxen (5)
6. Americanwyr (9)
7. Drwy (7)
11. Interesting (9)
13. Anymwybodol (7)
14. Cnoi (7)
16. Solo (5)
18. Cewyll (5)
21. Water (3)

Rhif 21

Ar draws

7 Dial (6)
8 Barddoniaeth (6)
9 Attract (4)
10 Nicer (8)
11 Dihangodd (7)
13 Mouths (5)
15 Gwag (5)
16 Moron (7)
18 Swynol (8)
19 Trwyn (4)
21 Just (2,4)
22 Delweddau (6)

I lawr

1 Roedd (4)
2 Gweithgynhyrchu (13)
3 Swigod (7)
4 Siarad (5)
5 Môr Y Canoldir (13)
6 Breakfast (8)
12 Symffoni (8)
14 Bargen (7)
17 Adenydd (5)
20 Gwelwyd (4)

Rhif 22

Ar draws

- 7 Oergelloedd (13)
- 8 Pronunciation (8)
- 9 Taclus (4)
- 10 Deintydd (7)
- 12 Excuse (5)
- 14 Toes (5)
- 16 Sioc (7)
- 19 Unawd (4)
- 20 Elephant (8)
- 22 Perpendicular (13)

I lawr

- 1 Gwelwyd (4)
- 2 Bron (6)
- 3 Hyllaf (7)
- 4 Degree (5)
- 5 Stondinau (6)
- 6 Creadur (8)
- 11 Economics (8)
- 13 Looking (7)
- 15 Grwpiau (6)
- 17 Condition (6)
- 18 Awenau (5)
- 21 Ger (4)

Rhif 23

Ar draws

- 7 Device (6)
- 8 Forts (6)
- 9 Llanast (4)
- 10 Breaks (8)
- 11 Yn effeithio ar (7)
- 13 Mysg (5)
- 15 Afterwards (5)
- 17 Arloeswr (7)
- 20 Torri dannedd (8)
- 21 Mawr (4)
- 22 Cyrraedd (7)
- 23 Cynhesrwydd (6)

I lawr

- 1 Fy Hun (6)
- 2 Padelli (4)
- 3 Agweddau (7)
- 4 Acute (5)
- 5 Clover (8)
- 6 Camlesi (6)
- 12 Eifftaidd (8)
- 14 Oval (7)
- 16 Yn codi (6)
- 18 Fesul wyth (6)
- 19 Cawr (5)
- 21 Brifo (4)

Rhif 24

Ar draws
- 7 Yn bur (6)
- 8 Creu (6)
- 9 Dol (4)
- 10 Yn archebu (8)
- 11 Left (6)
- 12 Cyfaddef (5)
- 14 Porth (5)
- 16 Llinynnau (7)
- 19 Gweithredu (8)
- 20 Gwraig (4)
- 22 Tisian (6)
- 23 Energetic (6)

I lawr
- 1 Beat (4)
- 2 Besides (6)
- 3 Aid (7)
- 4 Asidau (5)
- 5 Ofni (6)
- 6 Pigog (8)
- 11 Torri (8)
- 13 Astudiaethau (7)
- 15 Cromliniau (6)
- 17 Mewndirol (6)
- 18 Arall (5)
- 21 Tynged (4)

Rhif 25

Ar draws

1. Horns (4)
3. Betray (8)
9. Rivers (7)
10. Crai (5)
11. Devils (12)
13. Arose (6)
14. Dioddef (6)
16. Dangosodd (12)
20. Space (5)
21. Teimlo'n (7)
22. Pêl-Droed (8)
23. Low (4)

I lawr

1. Coconuts (4,4)
2. Roast (5)
4. Radiws (6)
5. Geiriaduron (12)
6. Hips (7)
7. Unit (4)
8. Equality (12)
12. Medical (8)
15. Defnyddiol (6)
17. Awake (5)
18. Cynffonau (5)
19. Cave (4)

Rhif 26

Ar draws

1. Dosbarthiadau (7)
5. Glynodd (5)
8. Attention to the fact (4,2,1,6)
9. Ei (3)
10. Desired (1,8)
12. Twll (6)
13. Checked (6)
15. Compromise (9)
16. Cyntun (3)
18. Allies (13)
20. Cyfartal (5)
21. Dolffin (7)

I lawr

1. Punish (5)
2. Rewrite (13)
3. Spoke (9)
4. Jobs (6)
5. Memory (3)
6. Identical (5,2,2,4)
7. Postpone (7)
11. Inland (9)
12. Beic (7)
14. Ices (6)
17. Dessert (5)
19. Race (3)

Rhif 27

Ar draws

1. Nofiwr (7)
5. Hoelen Glopa (4)
9. Undeb (5)
10. Pinch (7)
11. Volunteers (13)
12. O'r gloch (6)
13. Clothes (6)
16. Anogaeth (13)
19. Yn lle hynny (7)
20. Dyddiadau (5)
21. Enillion (5)
22. Rolls (7)

I lawr

1. Pigo (5)
2. Cychwynnol (7)
3. Gweithgynhyrchwyr (13)
4. Dyfroedd gwyllt (6)
6. Bulls (5)
7. Sentence (7)
8. Discouraged (6,1,6)
12. Agoriad (7)
14. Dishes (7)
15. Crwydro (6)
17. Punish (5)
18. Splash (5)

Rhif 28

Ar draws

1. Eli (6)
4. Flies (6)
9. Yn dawel (7)
10. Larwm (5)
11. Surrender (5)
12. Adfer (7)
13. Seryddwyr (11)
18. Clasurol (7)
20. Beiciwr (5)
22. Pren Mesur (5)
23. Gallu (7)
24. End (6)
25. Alien (6)

I lawr

1. Hylif (6)
2. Wedi ceisio (5)
3. Awyr Agored (7)
5. Yn darllen (5)
6. Blas (7)
7. Dadlwythodd (6)
8. Secrets (11)
14. Bas (7)
15. Priodi (7)
16. Ofnus (6)
17. Creon (6)
19. Street (5)
21. Sychach (5)

Rhif 29

Ar draws
1. Mygiau (4)
3. Themselves (2,6)
9. Diemwnt (7)
10. Heyrn (5)
11. Arbrofol (12)
14. Cymorth (3)
16. Ymgeisio (5)
17. Old (3)
18. Hances (12)
21. Tsieina (5)
22. Symud ymlaen (7)
23. Cofrestru (8)
24. Yn defnyddio (4)

I lawr
1. Canoloesol (8)
2. Gafael (5)
4. Porridge (3)
5. Direct (12)
6. Closer (7)
7. Trwyn (4)
8. Interrupt (5,2,5)
12. Masarn (5)
13. Unfortunate (8)
15. Delio (7)
19. Eitemau (5)
20. Side (4)
22. Pei (3)

Rhif 30

Ar draws

1. Windy (7)
5. Mare (5)
8. Sbaenwyr (9)
9. Gwialen (3)
10. Breuddwyd (5)
12. Infect (7)
14. Opposition (13)
16. Ffrwydro (7)
18. Trefniant Godidog (5)
20. Môr (3)
21. Clusters (9)
23. Saucer (5)
24. Yn dylyfu gên (5)

I lawr

1. Fit (5)
2. Here (3)
3. Buddugoliaeth (7)
4. Opponent (13)
5. Punished (5)
6. Stretcher (9)
7. Duw (3)
11. Ewropeaid (9)
13. Rhyfedd
14. Yn dyfalu (7)
15. Yn union (7)
17. Digwydd (5)
19. Eich un chi (5)
22. Amrwd (3)

Rhif 31

Ar draws

7 Arhosodd (6)
8 Iron (6)
9 Fflat (4)
10 Eifftaidd (8)
11 Boarded (7)
13 Grawn (5)
15 Twymyn (5)
16 Clwyfwyd (7)
18 Are having their (2,4,2)
19 Drwg (4)
21 Platiau (6)
22 Dignity (6)

I lawr

1 Halt (4)
2 Competition (13)
3 Promise (7)
4 Byddan nhw (5)
5 Nurseries (13)
6 Creadigol (8)
12 Gain (2,6)
14 Sore (7)
17 Dosbarth (5)
20 Lowest (4)

Rhif 32

Ar draws

- 6 Notebook (5,8)
- 8 Yn mesur (8)
- 9 Cuddio (4)
- 10 Awgrymu (7)
- 12 Odour (5)
- 14 Gallery (5)
- 16 Sunset (7)
- 19 Eight (4)
- 20 Moulds (8)
- 22 Voted (13)

I lawr

- 1 Glas (4)
- 2 Physics (6)
- 3 Dadwisgo (7)
- 4 Tad (6)
- 5 Nineties (8)
- 7 Argument (5)
- 11 Anywhere (6,2)
- 13 Accident (7)
- 15 Ethnic (6)
- 17 Today (6)
- 18 Brwyniad (5)
- 21 Promised (4)

Rhif 33

Ar draws

7 Blaenorol (6)
8 Cadeiriau (6)
9 Halt (4)
10 Countries (8)
11 Marshes (7)
13 Yn effro (5)
15 Milking (5)
17 Combined (7)
20 Equated (8)
21 Diwethaf (4)
22 Tyres (6)
23 Cadarn (6)

I lawr

1 Post (6)
2 Edge (4)
3 Trasiedi (7)
4 Graddfa (5)
5 Sandals (8)
6 Anxiety (6)
12 Screws (8)
14 Warmed (7)
16 Ocsigen (6)
18 Throne (6)
19 Pres (5)
21 Photograph (4)

Rhif 34

Ar draws

- 6 Sweep (6)
- 7 Wedi ei dynghedu (6)
- 8 Birds (4)
- 9 Courts (8)
- 10 Churches (7)
- 12 Escape (5)
- 14 Nose (5)
- 16 Armour (7)
- 19 Hufen iâ (8)
- 20 Yn gadael i (4)
- 22 Uwch (6)
- 23 Frequency (6)

I lawr

- 1 Defnyddiwyd (4)
- 2 Twll (6)
- 3 Ffôl (7)
- 4 Steal (5)
- 5 Crowned (6)
- 7 Penawdau (8)
- 11 Witches (8)
- 13 Drums (7)
- 15 Keeps (2,4)
- 17 Gwyllt (6)
- 18 Perl (5)
- 21 Nhw (4)

Rhif 35

Ar draws

1. Rhoddodd (4)
3. Diplomydd (8)
9. Yourself (4,3)
10. Face (5)
11. Duties (12)
13. Burn (6)
15. Several (5,1)
17. Perthynas (12)
20. Cinio (5)
21. Trwmped (7)
22. Bownsio (8)
23. Birds (4)

I lawr

1. Remainder (8)
2. Lleisiol (5)
4. January (6)
5. Successful (12)
6. O waith dyn (3-4)
7. Tiwb (4)
8. Ffotograffig (12)
12. Cyfrifiadur (8)
14. Oranges (7)
16. Wedi eich brathu (6)
18. Gobeithir (5)
19. Club (4)

Rhif 36

Ar draws

1. Overflow (7)
5. Brafiach (5)
8. Rewrite (13)
9. Het (3)
10. Recorder (9)
12. O gwmpas (6)
13. Yn dymuno (6)
15. Parchu (9)
16. Olew (3)
18. Volunteers (13)
20. Blasus (5)
21. Arsylwi (7)

I lawr

1. Graff (5)
2. Perthynas (13)
3. Yswiriant (9)
4. Colder (6)
5. Heaven (3)
6. Representatives (13)
7. Crwn (7)
11. Diferion glaw (9)
12. Iawn (7)
14. Stiwdio (6)
17. Mawr (5)
19. Ffrio (3)

Rhif 37

Ar draws

1. Chwaraewyr (7)
5. Fleet (5)
8. Ar wahân (5)
9. Henoed (7)
10. Applause (13)
11. Flight (6)
12. Adapt (6)
14. Windscreens (8,5)
18. Effort (7)
19. Cynnyrch (5)
20. Wedi cynhyrfu (5)
21. Benefit (4-3)

I lawr

1. Plank (5)
2. Wedi dychryn (7)
3. Adloniant (13)
4. Cyson (6)
5. Happens (4,2,7)
6. Mawr (5)
7. Mirrors (7)
11. Inform (7)
13. Patience (7)
15. Reidiau (5)
16. Rescue (6)
17. Llanw (5)

Rhif 38

Ar draws

1 Sideways (2,4)
4 Enough (6)
8 Preparation (7)
9 Kill (5)
10 Coffee (5)
11 Dan ddŵr (7)
12 Statements (11)
17 Oherwydd (7)
19 Neilon (5)
21 Ymlaen (5)
22 Heintio (7)
23 Hall (6)
24 Ci poeth (6)

I lawr

1 Effaith (6)
2 Coldest (5)
3 Taro (7)
5 Deal (5)
6 Scale (7)
7 Indicated (6)
8 Defined (11)
13 Order (7)
14 Float (7)
15 Cael (6)
16 Isolated (6)
18 Unity (5)
20 Eglur (5)

Rhif 39

Ar draws

1. Never (4)
3. Cyn (8)
9. Off (4,2,1)
10. Ewinedd (5)
11. Bwriadol (12)
14. Ei (3)
16. Bordering (5)
17. Dyledus (3)
18. Damweiniol (10)
21. Barley (5)
22. Yn llac (7)
23. Unigol (8)
24. Oedrannus (4)

I lawr

1. Cheering (8)
2. Llanw (5)
4. Pelydr (3)
5. Adeiladu (12)
6. Derived (7)
7. Llwch (4)
8. Advances (12)
12. Odl (5)
13. Bradychwyd
15. Adran (7)
19. Lay (5)
20. Row (4)
22. Dôl (3)

Rhif 40

Ar draws

1. Inclined (7)
5. Gwesty (5)
8. Inhabitants (9)
9. Our (3)
10. Seating (5)
12. Elfen (7)
13. Amrywiol (13)
15. Infect (7)
17. Fflyd (5)
19. Vase (3)
20. Flood (9)
22. Cas (5)
23. Entertain (7)

I lawr

1. Potatoes (5)
2. Ointment (3)
3. Deuocsid (7)
4. Dash (7,6)
5. Felly (5)
6. Gan hynny (9)
7. Hydoedd (7)
11. Yn diswyddo (9)
13. June (7)
14. Swam (7)
16. Teledu (5)
18. Dads (5)
21. Then (3)

Rhif 41

Ar draws

7 Halved (6)
8 Unrhyw un (6)
9 Chwip (4)
10 Requirements (8)
11 Ribs (7)
13 Ufuddhau (5)
15 Trên (5)
16 Eager (7)
18 Knew (2,6)
19 Naming (4)
21 Atgyweirio (6)
22 Cord (6)

I lawr

1 Healthy (4)
2 Perpendicular (13)
3 Lleidr (7)
4 Raft (5)
5 Recognised (13)
6 Means (2,6)
12 Dieithryn (8)
14 Bundles (7)
17 Erthylu (5)
20 Ffyrdd (4)

Rhif 42

Ar draws

7 Cyfleoedd (13)
8 Unrhyw le (8)
9 Post (4)
10 Symbolau (7)
12 Cerddoriaeth (5)
14 Cyfaddef (5)
16 Yn taro (7)
19 After (2,2)
20 Bryn (8)
22 Golch llygad (7)
23 Ffydd (5)

I lawr

1 Agored (4)
2 Gwe Pryf Cop (6)
3 Hollol (7)
4 Dicter (5)
5 Atoms (6)
6 Penderfyniad (8)
11 Receive (2,6)
13 Gwirion (7)
15 Basement (6)
17 Chores (6)
18 Ymlid (5)
21 Dyddiad (4)

Rhif 43

Ar draws
7 Vinegar (6)
8 Galluogi (6)
9 Uned (4)
10 Dysgu ar y cof (8)
11 Sinks (7)
13 Raced (5)
15 Planc (5)
17 Canolwr (7)
20 Advise (8)
21 Brysio (4)
22 Ar draws (6)
23 Dydd Gwener (6)

I lawr
1 Chimney (6)
2 Teimlai (4)
3 Drums (7)
4 Yn ymddangos yn (5)
5 Cerbyd (8)
6 Burn (6)
12 Motions (8)
14 Credoau (7)
16 Swallow (6)
18 Want (6)
19 Rhost (5)
21 Glaw (4)

Rhif 44

Ar draws

7. Giraffe (6)
8. Holes (6)
9. Gwisgo (4)
10. Bony (8)
11. Slices (7)
13. Copied (5)
15. Chemistry (5)
17. Dieflig (7)
20. Gwreiddiol (8)
21. Cheese (4)
23. Cleddyfau (6)
24. Bron (6)

I lawr

1. Llogi (4)
2. Giving (3,3)
3. Instrument (7)
4. Llwyfan (5)
5. Cleared (6)
6. Calories (8)
12. Diagonal (8)
14. Yn lladd (7)
16. Bones (6)
18. Inks (6)
19. Honest (5)
22. Cerdded (4)

Rhif 45

Ar draws

1. Cic (4)
3. Yn gweithredu (8)
9. Noses (7)
10. Cwilt (5)
11. Training (12)
13. Enwi (6)
15. Pilot (6)
17. Arbrofol (12)
20. Llwybr (5)
21. Echdynnu (7)
22. Skirts (8)
23. Yn defnyddio (4)

I lawr

1. Ceginau (8)
2. Wound (5)
4. Punnoedd (6)
5. Gofynion (12)
6. Triangle (7)
7. Dyletswydd (4)
8. Cyhoeddiad (12)
12. Athletwyr (8)
14. Cymysgedd (7)
16. Cinema (6)
18. Trapiau (5)
19. Rung (4)

Rhif 46

Ar draws
1. Glimpse (7)
5. Collar (5)
8. Amrywiol (13)
9. Sgïo (3)
10. Begins (2,7)
12. Yn adeiladu (6)
13. Liberty (6)
15. Gwych (9)
16. Oiled (3)
18. Netherlands (2,11)
20. Dozen (5)
21. Drwg (7)

I lawr
1. Daw (5)
2. Posibiliadau (13)
3. Literary (9)
4. Feast (6)
5. Former (3)
6. Murder (13)
7. Wedi eu hachub (7)
11. Clusters (9)
12. Everyday (3,4)
14. Gardd (6)
17. Od (5)
19. Our (3)

Rhif 47

Ar draws
1. Eskimos (7)
5. Mules (5)
8. Offer (5)
9. Indians (7)
10. Byrfoddau (13)
11. Yn ddwfn (6)
12. Rolling (6)
15. Arddangos (13)
18. Ystafell Wely (7)
19. Union (5)
20. Nodiadau (5)
21. To warm (7)

I lawr
1. Ychwanegol (5)
2. Hwyl fawr (4-3)
3. Amrywiol (13)
4. Sticking (6)
5. Môr Y Canoldir (13)
6. Fewer (4,1)
7. Sunday (4,3)
11. Ceased (3,1,3)
13. Dynwared (7)
14. Atomig (6)
16. Mysg (5)
17. Nesting (5)

Rhif 48

Ar draws

1. Swan (6)
4. Southward (3'1,2)
9. Anghywir (7)
10. Dyddiadur (5)
11. Perch (5)
12. Sbwriel (7)
13. Animals (11)
18. Junk (7)
20. Go to (4,1)
22. Twymyn (5)
23. Priodas (7)
24. Yn colli (6)
25. Priodol (6)

I lawr

1. Effeithio ar (6)
2. Caniatáu (5)
3. Sword (7)
5. Union (5)
6. Reality (7)
7. Uncle (6)
8. Lawyer (11)
14. Brodorion (7)
15. Depression (7)
16. Defnyddiol (6)
17. Canwr (6)
19. Berries (5)
21. Creisionen (5)

Rhif 49

Ar draws

1. Gwddf (4)
3. Trydan (8)
9. Tafodau (7)
10. Rafftiau (5)
11. Crynodedig (12)
14. Llwyfen (3)
16. Trugaredd (5)
17. Dy (3)
18. Sales (12)
21. Yno (5)
22. Yn arnofio (7)
23. Universe (8)
24. Bwlb (4)

I lawr

1. Yn sylwi (8)
2. Cannon (5)
4. Lace (3)
5. Heartbeat (6,1,5)
6. Adlewyrchu (7)
7. Punishment (4)
8. Archfarchnadoedd (12)
12. Loaf (5)
13. Agreement (8)
15. Greatness (7)
19. Nesting (5)
20. Answer (4)
22. Ychydig (3)

Rhif 50

Ar draws

1. Trumpet (7)
5. Pyst (5)
8. Yn bryderus (9)
9. Not (3)
10. Silff (5)
12. Lofty (7)
13. Yn llongyfarch (13)
15. Observe (7)
17. Mask (5)
19. Husband (3)
20. Diary (9)
22. Gyrrodd (5)
23. Fel arfer, (7)

I lawr

1. Llwybr (5)
2. Cwyr (3)
3. Arloeswr (7)
4. Classes (13)
5. Folded (5)
6. Synthetic (9)
7. Cyfrwyau (7)
11. Destroy (9)
13. Cyhuddodd (7)
14. Lumps (7)
16. Porthdy (5)
18. Budr (5)
21. Catch (3)

Rhif 51

Ar draws

7 Nation (6)
8 Moethus (6)
9 Crude (4)
10 Ar wahân (8)
11 Underwater (7)
13 Hyfforddwr (5)
15 Yn gwisgo (5)
16 Oeraf (7)
18 Acennog (8)
19 Trwyn (4)
21 Challenging (6)
22 Nurses (6)

I lawr

1 Ger (4)
2 Drained (5,8)
3 Clump (7)
4 Fflapiau (5)
5 Eithriadol (13)
6 Yn diogelu (8)
12 Asiantaethau (8)
14 Plygu (7)
17 Dygodd (5)
20 Dywed (4)

Rhif 52

Ar draws

- 7 Voted (13)
- 8 Bony (8)
- 9 Modfedd (4)
- 10 Orennau (7)
- 12 Clymau (5)
- 14 Punished (5)
- 16 Marshes (7)
- 19 Oak (4)
- 20 Gulls (8)
- 22 Identical (5,2,2,4)

I lawr

- 1 Plws (4)
- 2 Isn't (3,3)
- 3 Blanced (7)
- 4 Cylchoedd (5)
- 5 Million (6)
- 6 Wedi eu haddysgu (8)
- 11 Rods (8)
- 13 Handsome (7)
- 15 Lively (6)
- 17 Scarf (6)
- 18 Break (5)
- 21 Ceirch (4)

Rhif 53

Ar draws

- 7 Pupur (6)
- 8 Môr-Leidr (6)
- 9 Orange (4)
- 10 Stamps (8)
- 11 Llond llaw (7)
- 13 Jigsaw (3-2)
- 15 Apartment (5)
- 17 Sheltering (7)
- 20 Detective (8)
- 21 Gwraig (4)
- 22 Amddiffyn (6)
- 23 Oils (6)

I lawr

- 1 Vocabulary (6)
- 2 Troelli (4)
- 3 T-Shirts (6-1)
- 4 Chwistrellu (5)
- 5 Lapio (8)
- 6 Gwellt (6)
- 12 Diamedr (8)
- 14 Excites (7)
- 16 Physics (6)
- 18 Trechu (6)
- 19 Attach (5)
- 21 Pan fydd (4)

Rhif 54

Ar draws

7 Taten (6)
8 Meinwe (6)
9 Pentwr (4)
10 Clearer (8)
11 Wedi osgoi (7)
13 Scrap (5)
15 Falf (5)
17 Rhwystr (7)
20 Doniol (8)
21 Clue (4)
23 Ei hun (6)
24 Amneidiodd (6)

I lawr

1 Hobby (4)
2 Halves (6)
3 Wedi'i hyfforddi (7)
4 Atig (5)
5 Gofyn (6)
6 Prynu (8)
12 Traphontydd (8)
14 Rhesins (7)
16 Fioled (6)
18 Rockets (6)
19 Settee (5)
22 Iaoedd (4)

Rhif 55

Ar draws
1. Baby (4)
3. Shown (8)
9. Study (7)
10. Down (1,4)
11. Cystadlaethau (12)
13. Accept (6)
15. Individual (6)
17. Markets (12)
20. Freeze (5)
21. Trafferth (7)
22. Showers (8)
23. Bows (4)

I lawr
1. Blankets (8)
2. Button (5)
4. Atomic (6)
5. Actual (12)
6. Spanish (7)
7. Prin (4)
8. Reflection (12)
12. Spread (8)
14. Pronoun (7)
16. Unedig (6)
18. Penelin (5)
19. Brake (4)

Rhif 56

Ar draws

1 Dared (7)
5 Dining (5)
8 Libraries (13)
9 Gas (3)
10 Swords (9)
12 Shepherd (6)
13 Racial (6)
15 Critics (9)
16 Wedi (3)
18 Cymdogaeth (13)
20 Cyffuriau (5)
21 Crechwenodd (7)

I lawr

1 Yellow (5)
2 Upstairs (1,5,7)
3 Cyfeiriad (9)
4 Agorwyd (6)
5 Bill (3)
6 Affect (2,9,2)
7 Style (7)
11 Interesting (9)
12 Babies (7)
13 Ardystio (7)
14 Enwog (6)
17 Ochrog (5)
19 Ei (3)

Rhif 57

Ar draws

1. Podiwmau (7)
4. Cookies (5)
7. Galar (5)
8. Expecting (7)
9. Penderfyniad (13)
10. Cyfrwng (6)
11. England (6)
14. Provisions (13)
17. Convenient (7)
18. Hawk (5)
19. Lori (5)
20. Cyfwerth (7)

I lawr

1. Tudalennog (5)
2. Lluwchiodd (7)
3. Yn Anffodus (13)
4. Competitions (13)
5. Giants (5)
6. Cylinder (7)
8. Diferu (4)
10. Meddygol (7)
12. Arddangos (7)
13. Meinwe (6)
15. Cyfeirio (5)
16. Anogodd (5)

Rhif 58

Ar draws

1. Punnoedd (6)
4. Winwns (6)
9. Diflanedig (7)
10. Llestri (5)
11. Swear (5)
12. Sydd Eisiau (7)
13. Brawychus (11)
18. Scores (7)
20. Blush (5)
22. Afterwards (5)
23. Octopws (7)
24. Twisted (6)
25. Contemporary (6)

I lawr

1. Barddoniaeth (6)
2. Datod (5)
3. Dawnsio (7)
5. Nor (3,2)
6. Barn (7)
7. Garw (6)
8. Structural (11)
14. Given (7)
15. Dyna gynnig da (4,3)
16. Shake (6)
17. Jigsaws (3-3)
19. Mewnol (5)
21. Capture (5)

Rhif 59

Ar draws

1. Mamau (4)
3. Gwreiddiol (8)
9. Curiously (7)
10. Alive (2,3)
11. Helicopters (12)
14. Ie (3)
16. Draenen (5)
17. Llifyn (3)
18. Struggle (4,2,5)
21. Eil (5)
22. Eithafol (7)
23. Arestio (8)
24. Nuts (4)

I lawr

1. Hammer (8)
2. Biggest (5)
4. Gwared (3)
5. Science (12)
6. Swam (7)
7. Spoon (4)
8. Serch hynny (12)
12. Tomorrow (5)
13. Ripen (8)
15. Cyhuddwr (7)
19. Cefnfor (5)
20. Lava (4)
22. Him (3)

Rhif 60

Ar draws
1. Cau'n glep (7)
5. Blasus (5)
8. Weithiau (9)
9. Rug (3)
10. Cyrraedd (5)
12. Shared (1,6)
13. Surgery (13)
15. Chwiban (7)
17. Arddull (5)
19. Amnaid (3)
20. Athletes (9)
22. Mesur (5)
23. Hollol (7)

I lawr
1. Saucer (5)
2. Nod (3)
3. Cyfateb (7)
4. Theories (13)
5. Blas (5)
6. Yn rhyfedd (9)
7. Campaign (7)
11. Injuries (9)
13. Fox (7)
14. Archwilio (7)
16. Profocio (5)
18. Cynnar (5)
21. Rhyfel (3)

Rhif 61

Ar draws

7 Sleek (5)
8 Moethusrwydd (6)
9 Dried (4)
10 Natural (8)
11 Accented (7)
13 Fit (5)
15 Difyrru (5)
16 That comes from (2'1,3,1)
18 Satisfactory (8)
19 Ger (4)
21 Diwygio (6)
22 Gofalu (6)

I lawr

1 Cynghreirio (4)
2 Prehistoric (13)
3 Sends (2,5)
4 Ffliwt (5)
5 Eithriadol (13)
6 Stayed (8)
12 Cyfansoddwr (8)
14 Simpler (7)
17 Cynhesu (5)
20 Modryb (4)

Rhif 62

Ar draws

- 7 Contrasts (13)
- 8 Room (8)
- 9 Lorry (4)
- 10 Peace (7)
- 12 Department (5)
- 14 Asidau (5)
- 16 Clytiog (7)
- 19 Syfrdanu (4)
- 20 Collection (8)
- 22 Anogaeth (13)

I lawr

- 1 Nurse (4)
- 2 Sheep (6)
- 3 Absenoldeb (7)
- 4 Penliniodd (5)
- 5 Hoeliwyd (6)
- 6 Cerbyd (8)
- 11 Cyffrous (8)
- 13 Selsig (7)
- 15 Demonstrate (6)
- 17 Colofn (6)
- 18 Sgarff (5)
- 21 Modryb (4)

Rhif 63

Ar draws

- 7 Fast (6)
- 8 Atgyweirio (6)
- 9 Plug (4)
- 10 Despair (8)
- 11 Drums (7)
- 13 Cawr (5)
- 15 Tiger (5)
- 17 Erydr (7)
- 20 Volcanic (8)
- 21 Barcud (4)
- 22 Syfrdan (6)
- 23 Themâu (6)

I lawr

- 1 Condition (6)
- 2 Plwg (4)
- 3 Embarrassed (7)
- 4 Mintai (5)
- 5 Cath fach (6)
- 8 Prams (8)
- 12 Dewin (8)
- 14 Ehediadau (7)
- 16 Digon (6)
- 18 Poethach (6)
- 19 Honest (5)
- 21 Yn Gwybod (4)

Rhif 64

Ar draws

- 7 Marries (6)
- 8 Sodium (6)
- 9 Bulb (4)
- 10 Trymaf (8)
- 11 Osgoi (7)
- 13 Screw (5)
- 15 Freely (5)
- 17 Arweiniol (7)
- 20 Economaidd (8)
- 21 Arwydd (4)
- 23 Cneuen Fwnci (6)
- 24 Expand (6)

I lawr

- 1 Tyfodd (4)
- 2 Cowboy (6)
- 3 Goleuo (7)
- 4 Arferol (5)
- 5 Godre (6)
- 6 Question (8)
- 12 Cerbydau (8)
- 14 Llwyddo (7)
- 16 Bwyta (6)
- 18 Siom (6)
- 19 Gwag (5)
- 22 Frown (4)

Rhif 65

Ar draws

1. Hambwrdd (4)
3. Shaded (8)
9. Bloom (7)
10. Time (5)
11. Hostile (12)
13. Diweddaraf (6)
15. Adverb (6)
17. Amgylchedd (12)
20. Limp (5)
21. Partial (7)
22. Ciliodd (8)
23. Fade (4)

I lawr

1. Likely (7)
2. Odour (5)
4. Finally (2,4)
5. Plains (12)
6. Anghydfod (7)
7. Lorry (4)
8. Dinosaurs (12)
12. Fossils (8)
14. Ymwelydd (7)
16. Southward (3'1,2)
18. Nani (5)
19. Oil (4)

Rhif 66

Ar draws

1. Bagiau (7)
5. Dringo (5)
8. Chase up (4,2,7)
9. Trist (3)
10. Arddangos (9)
12. Amddiffyn (6)
13. Individual (6)
15. Sciences (9)
16. Ei (3)
18. Conclude (3,2,8)
20. Caer (4)
21. Meinweoedd (7)

I lawr

1. Lampau (5)
2. Using (3,10)
3. Wedi'u Gadael (9)
4. Hynaf (6)
5. Crio (3)
6. Upstairs (1,5,7)
7. Benefit (4-3)
11. Ieithoedd (9)
12. Pinched (6,1)
14. Bron (6)
17. Ochrau (5)
19. Llygoden Fawr (3)

Rhif 67

Ar draws
1 Samplau (7)
5 Coral (5)
8 Cynnar (5)
9 Also (5)
10 Personality (13)
11 Bone (6)
12 Syrcas (6)
15 Amrywiol (13)
18 Yn cyrraedd (7)
19 Persecute (5)
20 Punch (5)
21 Ynysoedd (7)

I lawr
1 Defaid (5)
2 Ants (7)
3 Governments (13)
4 Ysgol (6)
5 Calculator (13)
6 Crib (5)
7 Ciniawau (7)
11 Edmygu (7)
13 Curve (7)
14 Burn (6)
16 Gris (5)
17 Ochrau (5)

Rhif 68

Ar draws

1. Claspiau (6)
4. Defnyddiol (6)
9. Gorfodi (7)
10. Follow (5)
11. Tynn (5)
12. Erydu (7)
13. Stop (5,5,1)
18. Farewell (7)
20. Lleisiol (5)
22. Poptai (5)
23. Dolphin (7)
24. Haid (3)
25. Profion (5)
26. Motivate (6)

I lawr

1. Twyllwyr (6)
2. Armed (5)
3. Prepare (7)
5. Sink (5)
6. Valves (7)
7. Leinin (6)
8. Alike (3,2,6)
14. Nefoedd (7)
15. Gwrthryfeloedd (7)
16. Ymdrech (6)
17. Curtains (6)
19. Cacwn (5)
21. Remember (5)

Rhif 69

Ar draws

1 Frown (4)
3 Goresgynwyr (8)
9 Alarms (7)
10 Calon (5)
11 Neiniau a Theidiau (12)
14 Pant (3)
16 Nyrs (5)
17 Close (3)
18 Cyhoeddiad (12)
21 Turkey (5)
22 Sôs Coch (7)
23 Cousins (8)
24 Glas (4)

I lawr

1 Editor (8)
2 Career (5)
4 Or (3)
5 Cyflawniadau (12)
6 Elastig (7)
7 Eistedd (4)
8 Appearance (12)
12 Berries (5)
13 Lluosog (8)
15 Village (7)
19 Axle (5)
20 Stock (4)
22 Allweddol (3)

Rhif 70

Ar draws
1. Replace (7)
5. Comig (5)
8. Locate (3,1,3,1)
9. Swm (3)
10. Breast (1,4)
12. Departure (7)
13. Functions (13)
15. China (7)
17. Apparent (5)
19. Amnaid (3)
20. Paentiadau (9)
22. Awake (5)
23. Tynnu corcyn o botel (7)

I lawr
2. Buzzing (3)
3. Boddwyd (7)
4. Upstairs (1,4'1,7)
5. Llestri (5)
6. Commercial (9)
7. Clouds (7)
11. Strangest (9)
13. Tawelwch (7)
14. Elastig (7)
16. Tapped (5)
18. Anadlu'n drwm (4)
21. Nac ychwaith (3)

Rhif 71

Ar draws

- 7 Barber (6)
- 8 Gwannach (6)
- 9 Llwyd (4)
- 10 Gwerthfawr (8)
- 11 Amrywiaeth (7)
- 13 Codennau
- 15 Silff (5)
- 16 Musician (7)
- 18 Miliynau (8)
- 19 Modryb (4)
- 21 Cannwyll (6)
- 22 Dychwelyd (6)

I lawr

- 1 Desperately (4)
- 2 Occasionally (1,4,2,6)
- 3 Disgyrchiant (7)
- 4 Quilt (5)
- 5 Geography (13)
- 6 Assign (8)
- 12 Americanaidd (8)
- 14 Hamdden (7)
- 17 Gyda rhaffau (5)
- 20 Nurse (4)

Rhif 72

Ar draws

- 7 Dealltwriaeth (13)
- 8 Swyddogaeth (8)
- 9 Lawnt (4)
- 10 Torri (7)
- 12 Traethawd (5)
- 14 Digwyddiad (5)
- 16 Nosweithiol (7)
- 19 Cwlwm (4)
- 20 Mamol (8)
- 22 Sgyrsiau (13)

I lawr

- 1 Nuts (4)
- 2 Pensil (6)
- 3 Crysau-T (1-6)
- 4 Ysguboriau (5)
- 5 Oedolion (6)
- 6 Pelen Eira (8)
- 11 Dyfeisydd (8)
- 13 Neutral (7)
- 15 Brodorol (6)
- 17 Nailed (6)
- 18 Trwsiadus (5)
- 21 Lôn (4)

Rhif 73

Ar draws

7 Easiest (6)
8 Yn hafal i (6)
9 Celfyddydau (4)
10 Ystafell Ymolchi (8)
11 Few (7)
13 Profocio (5)
15 Aciwt (5)
17 Anarferol (7)
20 Stamps (8)
21 Healthy (4)
22 Tyre (6)
23 Trenau (6)

I lawr

1 Ffabrig (6)
2 Yn gofyn (4)
3 Fabric (7)
4 Seddi (5)
5 Ffraeo (8)
6 Penelinoedd (6)
12 Gestures (8)
14 Sarhad (7)
16 Dinasoedd (6)
18 Acen (6)
19 Mysg (5)
21 Lowest (4)

Rhif 74

Ar draws

- 7 Coronau (6)
- 8 Penaethiaid (6)
- 9 Unit (4)
- 10 Location (8)
- 11 Eclips (7)
- 13 Brigau (5)
- 15 Avoid (5)
- 17 Employ (7)
- 20 Er (8)
- 21 Below (4)
- 23 Tobacco (6)
- 24 Groove (6)

I lawr

- 1 Almost (4)
- 2 Prayer (6)
- 3 Diwerth (7)
- 4 Axle (5)
- 5 Gobennydd (6)
- 6 French (8)
- 12 Collected (8)
- 14 Compare (7)
- 16 Sides (6)
- 18 Colouring (6)
- 19 Mules (5)
- 22 Cave (4)

Rhif 75

Ar draws

1. Syrffio (4)
3. Elevation (8)
9. Indiaid (7)
10. Crib (5)
11. Possibilities (12)
12. Nurses (6)
14. Surprise (6)
17. Bwriadol (12)
20. Gift (5)
21. Treisgar (7)
22. Decorate (8)
23. Troi (4)

I lawr

1. Llithro (8)
2. Reidiau (5)
4. Razors (6)
5. Heartbeat (6,1,5)
6. Indians (7)
7. Yn marw (4)
8. Advances (12)
12. Meaningless (8)
14. Ran (7)
16. Nef (6)
18. Digwyddiad (5)
19. Celf (4)

Rhif 76

Ar draws

1. Ewch (2)
2. Syniad (4)
5. Papur (5)
9. Homework (6,7)
10. Gwelodd (3)
11. Diferion Glaw (9)
13. Gwthiodd (6)
14. Ever (6)
16. Tractors (9)
17. Iâ (3)
19. Awareness (13)
21. Porthdy (5)
22. Aloud (2,5)

I lawr

1. Goggles (5)
3. Glanedydd (9)
4. Arctig (6)
5. Pair (3)
6. Personality (13)
7. Gwrthodwyd (7)
8. Adopted (12)
12. Illustrations (9)
13. Rectangle (7)
15. Dydd Gwener (6)
18. Axle (5)
20. Gwenyn (3)

Rhif 77

Ar draws

1. Dringwr (7)
5. Estate (5)
8. Russia (5)
9. Tseiniaidd (7)
10. Gwyddoniaduron (13)
11. Absennol (6)
12. Oedolion (6)
15. Cylchedd (13)
18. Economy (7)
19. Yn bodoli (5)
20. Tasgau (5)
21. Eagerly (7)

I lawr

1. Cromlin (5)
2. Pryfed (7)
3. Arm or Leg (6,3,4)
4. Tybio (6)
5. Netherlands (2,11)
6. Towns (5)
7. Ffrogiau (7)
11. Hynafol (7)
13. Cysylltu (7)
14. Swyddfa (6)
16. Gwreiddiau (5)
17. Mynd i mewn (5)

Rhif 78

Ar draws

1. Llwyni (6)
4. Ewn (6)
9. Attend (7)
10. Wedi'i ffeilio (5)
11. Lay (5)
12. Primary (7)
13. Coins (6,5)
18. Taliad (7)
20. Ar wahân (5)
22. Asiant (5)
23. Canlyniad (7)
24. Cuddio (6)
25. Adverb (6)

I lawr

1. Sampl (6)
2. Ystod (5)
3. Boys (7)
5. Element (5)
6. Syltana (7)
7. Bring (2,3,1)
8. Atalnodi (11)
14. Patience (7)
15. Wedi rhostio (7)
16. Sblash (6)
17. Ei Hun (6)
19. Bwyta (5)
21. Dihunodd (5)

Rhif 79

Ar draws

1. Cydio (4)
3. Best Side (4,4)
9. Disodli (7)
10. Online (2,1,2)
11. Encyclopaedia (12)
14. Man (3)
16. Reputation (3,2)
17. Diwrnod (3)
18. Markets (12)
21. Rows (5)
22. Cychwynnol (7)
23. Room (8)
24. Donkey (4)

I lawr

1. Wives (8)
2. Ymgeisio (5)
4. Pitch (3)
5. Free (4,2,2,4)
6. Notice (7)
7. Unit (4)
8. Hances (12)
12. Famine (5)
13. Monday (4,4)
15. Agosaf (7)
19. Allanfeydd (5)
20. Gweddio (4)
22. Sâl (3)

Rhif 80

Ar draws

1. Môr Tawel (7)
5. Freely (5)
8. Cofnodwyr (9)
9. Mochyn (3)
10. Drying (5)
12. Gŵr (7)
13. Cymharol (13)
15. Reality (7)
17. Amheuaeth (5)
19. Cymorth (3)
20. Emperor (9)
22. Yn anffodus (5)
23. Inform (7)

I lawr

1. Rhannau (5)
2. Kick (3)
3. Fformiwla (7)
4. Slavery (13)
5. Yn gorffwyso (5)
6. Adding (9)
7. Pinched (6)
11. Gorchmynnodd (9)
13. Grawnfwydydd (7)
14. Indiaid (7)
16. Up (1,4)
18. Towers (5)
21. Sych (3)

Rhif 81

Ar draws

7 Opposition (13)
8 Ugeiniau (8)
9 Gallu (4)
10 Jackets (7)
12 Addasu (5)
14 Osgoi (5)
16 Baskets (7)
19 Defnyddiwyd (4)
20 Explains (2,6)
22 Perthnasau (13)

I lawr

1 Beer (4)
2 Ethnig (6)
3 Shout (7)
4 Honest (5)
5 In Favour (1,5)
6 Carlamodd (8)
11 Buddsoddwyd (8)
13 Wagons (7)
15 Indiaidd (6)
17 Wash (6)
18 Fluid (5)
21 Aeddfed (4)

Rhif 82

Ar draws

- 7 Tristwch (6)
- 8 Tuag At (6)
- 9 Ioga (4)
- 10 Rhifolion (8)
- 11 Datganiad (7)
- 13 Taflen (5)
- 15 Ras Gyfnewid (5)
- 16 Attempt (6)
- 18 Cynulleidfa (8)
- 19 Rhent (4)
- 21 Pwysodd (6)
- 22 Llofnododd (6)

I lawr

- 1 Cocoa (4)
- 2 Sefydliadau (13)
- 3 Enjoy (7)
- 4 Coesynnau (5)
- 5 Appreciate (13)
- 6 Troliau (8)
- 12 Gweithredwyd (8)
- 14 Mawr (7)
- 17 Well (2,3)
- 20 Angen (4)

Rhif 83

Ar draws
7 Cinio (6)
8 Tarddiad (6)
9 Baddon (4)
10 Cyflymder (8)
11 Ffrindiau (7)
12 Brwyniad (5)
15 Wheelbarrow (5)
16 Poteli (7)
18 Tynnu (8)
20 Trwyn (4)
21 Benywaidd (6)
22 Stalks (6)

I lawr
1 Anghytuno (8)
2 Examples (13)
3 Darparu (7)
4 Priddoedd (5)
5 Amgylchiadau (13)
6 Baw (4)
13 Voices (8)
14 Cyswllt (7)
17 Îsl (5)
19 Yn Defnyddio (4)

Rhif 84

Ar draws

- 7 Adleisiodd (6)
- 8 Worm (6)
- 9 Yn defnyddio (4)
- 10 Uncles (8)
- 11 Barn (7)
- 13 Steal (5)
- 15 Yn curo (5)
- 17 Mwyaf (7)
- 20 Awyrennau (8)
- 21 Cyfradd (4)
- 23 Hydref (6)
- 24 Path (6)

I lawr

- 1 Iaoedd (4)
- 2 Cefnder (6)
- 3 Jews (7)
- 4 Vague (5)
- 5 Thirst (6)
- 6 Cyfystyron (8)
- 12 Gwerthfawr (8)
- 14 Castle (7)
- 16 Neat (6)
- 18 Driver (6)
- 19 Nani (5)
- 22 Tiwb (4)

Rhif 85

Ar draws
- 7 March (6)
- 8 Fern (6)
- 9 Iaoedd (4)
- 10 Archwiliwyd (8)
- 11 Yn gyflym (7)
- 13 Eira (5)
- 15 Lame (5)
- 17 Traphont (7)
- 20 Faced (1,7)
- 21 Tube (4)
- 22 Enormous (6)
- 23 Arbenigol (6)

I lawr
- 1 Respected (6)
- 2 Fare (4)
- 3 Pennaf (7)
- 4 Random (2,3)
- 5 Ymddiswyddodd (8)
- 6 Surname (6)
- 12 Blend (8)
- 14 Dyddiaduron (7)
- 16 Bushes (6)
- 18 Bitter (6)
- 19 Bardd (4)
- 21 Math (4)

Rhif 86

Ar draws
1 Wedi dyweddio (7)
5 Coblynnod (5)
8 Theme (5)
9 Poblogaidd (7)
10 Môr Y Canoldir (13)
11 Oats (6)
12 Ergydiau (6)
15 Exemplary (13)
18 Wrth gefn (7)
19 Eu (5)
20 Next (5)
21 Cyflawni (7)

I lawr
1 Item (5)
2 Shout (7)
3 Homework (6,7)
4 Gadael (6)
5 Eglurwch (7)
6 Falf (5)
7 Ffynhonnau (7)
11 Chattering (7)
13 Tseiniaidd (7)
14 Cinema (6)
16 Nwyon (5)
17 Nôl (5)
18 Mawr (5)

Rhif 87

Ar draws

1. Pypedau (7)
5. Taxi (5)
8. Cylchedd (13)
9. Buzzing (3)
10. Talwyd (4)
11. Trwsio (4)
13. Oeri (6)
14. Ginger (6)
16. Bodolaeth (9)
17. Tynnu (3)
19. Affect (2,9,2)
21. Along (2,3)
22. Gwrthod (7)

I lawr

1. Pecynnau (5)
2. Personality (13)
3. Offer (9)
4. Ôl-ddodiad (6)
5. Wedi rhwygo (4)
6. Sgyrsiau (13)
7. Depression (7)
12. Last (9)
13. Quarrelled (7)
15. Uncertain (6)
18. Garden (5)
20. Bwydwyd (3)

Rhif 88

Ar draws

1. Perfedd (4)
3. Wedi derbyn pardwn (8)
8. Wy (3)
9. Until (3)
10. Dociau (5)
11. Mefus (12)
13. Diweddaraf (6)
15. Eglwys (6)
17. Descendants (12)
20. Trefi (5)
21. Parenting (7)
22. Bud (8)
23. Llwyd (4)

I lawr

1. Camp (8)
2. Teigr (5)
4. Made (1,5)
5. Uncover (12)
6. Niwclear (7)
7. Disk (4)
9. Princesses (12)
12. Ffantasi (8)
14. Tailor (7)
16. Ynni (6)
18. Mewnol (5)
19. Answer (4)

Rhif 89

Ar draws
1. Masarn (5)
4. Mwy difrifol (6)
8. Sillaf (8)
9. Agor (4)
10. Close (3)
11. Tebot (6)
14. Sickly (6)
16. Horizon (6)
18. Anuniongyrchol (8)
20. Coes (3)
21. Basin (4)
22. Trychineb (8)
23. Craft (6)
24. Boddi (5)

I lawr
1. Cerddor (8)
2. Llygredd (9)
3. Elastig (7)
5. Pancake (7)
6. Brithyll (5)
7. Rank (5)
12. Annoys (9)
13. Bud (8)
15. Prettiest (7)
17. Tuag allan (7)
18. Young (5)
19. Trwchus (5)

Rhif 90

Ar draws

1. Clasurol (7)
5. Cadarn (5)
8. Pwnio (5)
9. Nobody
10. Hof (3)
11. Avoid (5)
13. Galluogwyd (7)
14. Chwyldroadol (13)
16. Beg (7)
18. Mewnol (5)
20. Pie (3)
21. Llonyddwch (9)
23. Arwyddion (5)
24. Niwtral (7)

I lawr

1. Dinner (5)
2. Cymorth (3)
3. Arbennig (7)
4. Canolbwyntio (13)
5. Zebra (5)
6. Shrill (9)
7. Arswyd (5)
12. Llywodraethu (9)
14. Ryseitiau (7)
15. Galleries (7)
17. Gwerddon (5)
19. Razor (5)
22. Clust (3)

Rhif 91

Ar draws
1 Gwerthwyd (4)
3 Pedigri (8)
9 Unffurf (7)
10 Llyffantod (5)
11 Exercise (7,5)
14 Aim (3)
16 Goals (5)
17 Pelydr
18 Damweiniol (12)
21 Tangnefeddus (6)
22 Amusing (7)
23 Dyblu (8)
24 Golff (4)

I lawr
1 Yn astudio (8)
2 Limp (5)
4 Llwfen (3)
5 Cyflwyniad (12)
6 December (7)
7 Hawdd (4)
8 Conventional (12)
12 Cribog (5)
13 Darkest (8)
15 Begin (7)
19 Flowing (5)
20 Below (4)
23 Yn (2)

Rhif 92

Ar draws
1. Tobacco (6)
4. Mental (6)
9. Hwyl Fawr (4-3)
10. Wyn (5)
11. Rake (5)
12. Galluogwyd (7)
13. Arsylwi (11)
18. Anoddaf (7)
20. Uchod (5)
22. Llygad Y Dydd (5)
23. Gormesu (7)
24. Achub (6)
25. City (6)

I lawr
1. Teigrod (6)
2. Frog (5)
3. Bresych (7)
5. Reputation (3,2)
6. Derive (7)
7. Robber (6)
8. Neilltuad (11)
14. Aeron (7)
15. Caeth (7)
16. Runner (6)
17. Synhwyrau (6)
19. Erosion (5)
21. Cefnfor (5)

Rhif 93

Ar draws

1. Subject (4)
3. Gwelwyd (8)
9. Rhwbio (7)
10. Agos (5)
11. Syniadau (5)
12. Ever (6)
14. Diweddaraf (6)
16. Gwn (6)
19. Turtle (6)
21. Ymhlith (5)
24. Iro (5)
25. I'r Amlwg (7)
26. Wedi Cau (8)
27. Syfrdanu (4)

I lawr

1. Gronynnau (8)
2. Bonheddig (5)
4. Mwy (6)
5. Visit (4,1)
6. Treisgar (7)
7. Bu Farw (4)
8. Jigsaws (3-3)
13. Mouse (8)
15. Crwbanod (7)
17. Delweddau (6)
18. Tisian (6)
20. Bathodyn (5)
22. Dylai (5)
23. Blaidd (4)

Rhif 94

Ar draws

1. Dal (7)
5. Care (5)
8. Gollyngodd (7)
9. Fired (5)
10. Saucer (5)
11. Dwyreiniad (7)
12. Gorffen (6)
14. Pollute (6)
17. Gallu (7)
19. Gwastraff (5)
22. Dwywaith (5)
23. Mwyaf (7)
24. Cliwiau (5)
25. Motors (7)

I lawr

1. Cuddio (5)
2. Yn edrych yn (5)
3. Mewnforion (7)
4. Teclyn (6)
5. Gatiau (5)
6. Dod o hyd i (7)
7. Ships (7)
12. Gwyllt (7)
13. Jumps (7)
15. Gostwng (7)
16. Quick (6)
18. Syniadau (5)
20. Gwaywffon (5)
21. Wedi bwyta (5)

Rhif 95

Ar draws
- 7 Dealltwriaeth (13)
- 8 Glynu (8)
- 9 Bear (4)
- 10 Aid (7)
- 12 Dylai (5)
- 14 Brigau (5)
- 16 Trowynt (7)
- 19 Arall (4)
- 20 Equated (8)
- 22 Recognised (13)

I lawr
- 1 Angle (4)
- 2 Lined (6)
- 3 Crysau-T (1-6)
- 4 Ystod (5)
- 5 Adapt (6)
- 6 Cipiodd (8)
- 11 Visitors (8)
- 13 Inch (7)
- 15 Llysiau Gwyrdd (6)
- 17 Sydd eu hangen (6)
- 18 Crachod (5)
- 21 Tenau (4)

Rhif 96

Ar draws

7 Uncomfortable (13)
8 Admission (8)
9 I mewn i (4)
10 Dyfeisio (7)
12 Sweeps (5)
14 Soldier (5)
16 Criced (7)
19 Fflat (4)
20 Essential (8)
22 Cyfatebol (13)

I lawr

1 Eiddigedd (4)
2 Parents (6)
3 Swyddfeydd (7)
4 Llyffantod (5)
5 Ychwanegu (6)
6 Addas (8)
11 Earnings (8)
13 Equally (2,2,3)
15 Dyfrllyd (6)
17 Cymylog (6)
18 Cyfnod (5)
21 Piau (4)

Rhif 97

Ar draws

7 Llyfn (6)
8 Giving (3,3)
9 Naming (4)
10 Gosgeiddig (8)
11 Trawodd (7)
13 Eraill (5)
15 Ffres (5)
16 Crysau-T (1-6)
18 Disappear (8)
19 Golygu (4)
21 Gwair (5)
22 Ffenestr (6)

I lawr

1 Hymn (4)
2 Conclude (3,2,8)
3 Program (7)
4 Scrap (5)
5 Adloniant (13)
6 Dogfen (8)
12 Boreau (8)
14 Sweeper (7)
17 Honest (5)
20 Close (4)

Rhif 98

Ar draws

7 Dyffryn (6)
8 Reason (6)
9 Eitem (4)
10 Wisely (2,6)
11 Cyfoethog (7)
13 Chart (5)
15 Cyfnod (5)
17 Satellite (7)
20 Teuluol (8)
21 Logiau (4)
22 Difrifol (6)
23 Gwallau (6)

I lawr

1 Brwydr (6)
2 Harsh (4)
3 Attend (7)
4 Plough (5)
5 Dysgu ar y cof (8)
6 Uncle (6)
12 Gwrandäwr (8)
14 Etholedig (7)
16 Carnau (6)
18 Bones (6)
19 Eraill (5)
21 Arglwydd (4)

Rhif 99

Ar draws

7 Polisi (6)
8 Snails (6)
9 Hill (4)
10 Eli (8)
11 Crysau-T (1-6)
13 Traethawd (5)
15 Hyfforddwr (5)
17 Expecting (7)
20 Strips (8)
21 Milfeddygon (4)
23 Mynd i mewn (6)
24 Dawnsiwr (6)

I lawr

1 Taith (4)
2 Chimney (6)
3 Aid (7)
4 Cement (5)
5 Dringo (6)
6 Ffin (8)
12 Gweiddi (8)
14 Cylinder (7)
16 Cricket (6)
18 Gan Roi (6)
19 Gwyddau (5)
22 Coeden (4)

Rhif 100

Ar draws

- 7 Tissue (6)
- 8 Ffoniodd (6)
- 9 Brathu (4)
- 10 Presennol (8)
- 11 Cychwynnol (7)
- 12 Minws (5)
- 15 Wing (5)
- 16 Tiroedd (7)
- 18 Taliadau (8)
- 20 Lowest (4)
- 21 Judge (6)
- 22 Energetic (6)

I lawr

- 1 Ymddiswyddodd (8)
- 2 Adloniant (13)
- 3 Cyffredinol (7)
- 4 Difetha (5)
- 5 Cyfraniadau (13)
- 6 Main (4)
- 13 Dignified (8)
- 14 Wedi'i falu (7)
- 17 Dig (5)
- 19 Slow (4)

Atebion

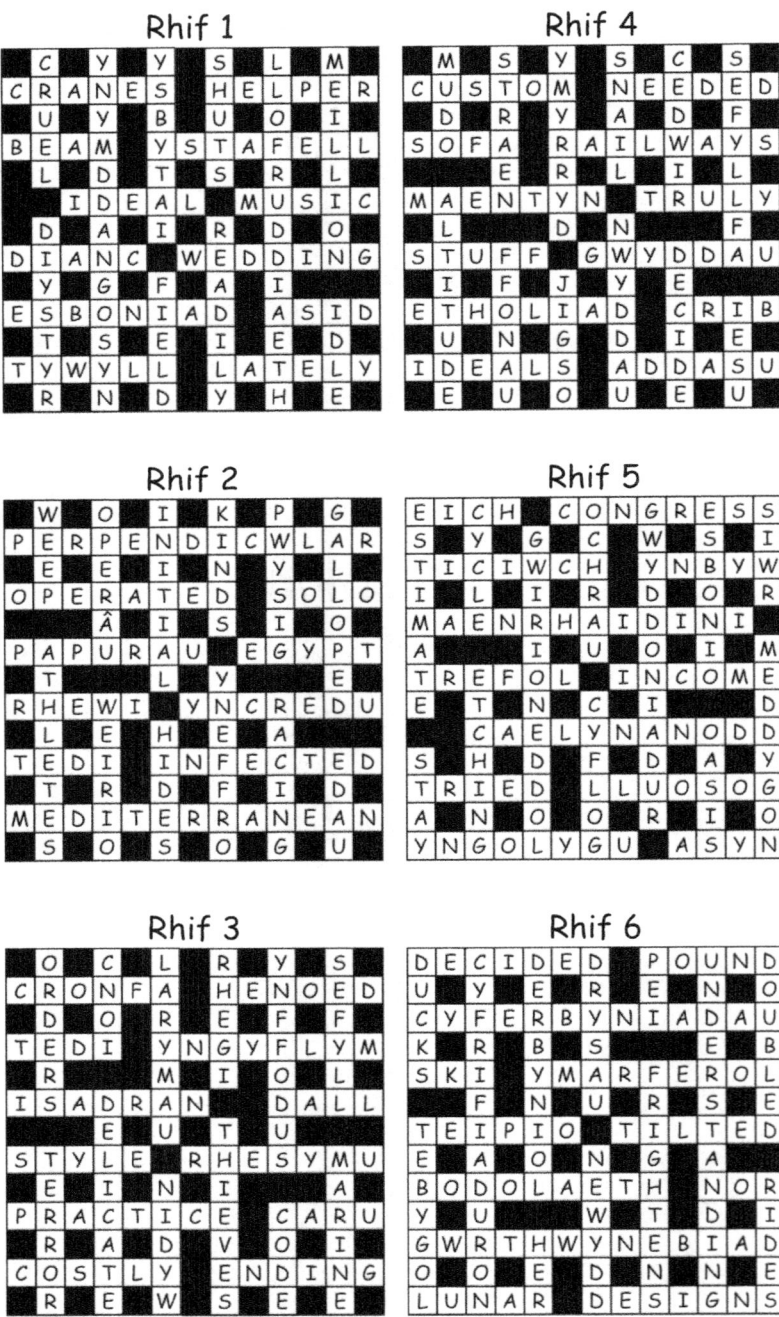

Rhif 7

P	E	D	A	L	A	U	■	O	U	G	H	T
A	■	I	■	L	■	N	■	R	■	R	■	H
S	O	F	F	A	■	L	U	G	G	A	G	E
T	■	E	■	W	■	O	■	A	■	D	■	A
E	N	T	E	R	T	A	I	N	M	E	N	T
■	■	H	■	S	■	D	■	I	■	■	■	R
C	H	A	R	G	E	■	E	S	T	A	T	E
H	■	■	■	L	■	C	■	A	■	N	■	■
A	B	B	R	E	V	I	A	T	I	O	N	S
N	■	Y	■	F	■	N	■	I	■	T	■	T
C	H	W	A	R	A	E	■	O	T	H	E	R
E	■	Y	■	I	■	M	■	N	■	E	■	Y
S	U	D	D	O	■	A	S	S	U	R	E	D

Rhif 10

C	R	E	M	P	O	G	■	T	U	L	I	P
R	■	A	■	O	W	■	O	■	I	■	A
E	W	R	O	P	E	A	I	D	■	B	O	L
A	■	■	U	■	H	■	D	■	R	■	A
M	I	S	O	L	■	A	N	I	M	A	L	S
■	I	■	A	■	N	■	■	R	■	A
E	N	G	H	R	E	I	F	F	T	I	A	U
N	■	N	■	■	A	■	O	■	E	■	■
G	R	A	N	I	T	E	■	R	O	S	E	S
I	■	L	■	F	T	■	G	■	■	H
N	Ô	L	■	Y	C	H	W	A	N	E	G	U
E	■	E	■	N	■	A	■	V	■	Y	■	T
S	A	D	L	Y	■	U	S	E	L	E	S	S

Rhif 8

S	T	A	R	V	E	■	S	C	A	L	E	S
W	■	R	■	O	■	M	■	H	■	L	■	C
Y	N	B	W	Y	T	A	■	I	A	I	T	H
D	■	E	■	A	■	N	■	N	■	W	■	E
D	A	N	E	G	■	U	R	A	N	I	U	M
I	■	■	■	E	■	F	■	■	■	A	■	E
■	P	W	Y	S	O	A	M	E	S	U	R	■
S	■	A	■	■	■	C	■	N	■	■	■	I
C	E	R	R	Y	N	T	■	G	A	L	E	S
Y	■	M	■	C	■	U	■	I	■	L	■	S
T	A	I	T	H	■	R	I	N	C	I	A	U
H	■	N	■	E	■	E	■	E	■	P	■	E
E	N	G	I	N	E	■	I	S	L	A	N	D

Rhif 11

H	■	L	■	N	■	S	■	D	■	S	■	■
G	A	L	L	A	I	■	L	L	E	W	Y	S
Z	■	O	■	G	■	A	■	M	■	N	■	■
C	E	L	F	■	H	A	N	F	O	D	O	L
■	■	R	■	T	■	T	■	N	■	N	■	■
T	R	O	U	B	L	E	■	Y	S	T	Y	R
■	■	H	■	D	■	Y	■	C	■	T	■	M
H	E	R	D	S	■	T	O	U	R	I	S	T
■	I	■	I	■	S	■	U	■	A	■	■	■
A	L	M	A	E	N	W	R	■	T	R	U	E
■	I	■	E	■	O	■	S	■	I	■	R	■
S	A	E	T	H	U	■	E	N	O	U	G	H
U	■	■	H	■	T	■	S	■	N	■	E	■

Rhif 9

A	L	S	O	■	C	Y	F	A	N	S	W	M
N	■	C	■	Y	■	N	■	D	■	Q	■	O
W	O	R	K	M	E	N	■	D	O	U	B	T
Y	■	U	■	A	■	■	■	E	■	E	■	H
L	A	B	O	R	A	T	O	R	I	E	S	■
D	■	■	■	F	■	A	■	B	■	Z	■	H
E	N	W	■	E	S	S	A	Y	■	E	R	A
B	■	A	■	R	■	T	■	N	■	■	■	N
■	T	R	A	C	H	Y	W	I	R	E	D	D
■	■	R	■	O	■	■	■	W	■	A	■	F
D	R	I	E	R	■	S	B	Y	N	G	A	U
I	■	O	■	F	■	H	■	D	■	E	■	L
G	O	R	F	F	W	Y	S	■	G	R	I	S

Rhif 12

■	P	■	A	■	E	■	A	■	J	■	M	■
C	A	M	G	Y	M	E	R	I	A	D	A	U
■	G	■	H	■	B	■	A	■	C	■	J	■
F	E	L	A	R	A	L	L	■	K	N	E	W
■	■	■	S	■	R	■	L	■	E	■	S	■
S	U	N	T	R	A	P	■	S	T	A	T	E
■	N	■	■	■	S	■	F	■	■	■	I	■
S	I	N	C	E	■	S	U	B	J	E	C	T
■	F	■	H	■	S	■	N	■	Y	■	■	■
H	O	Y	W	■	C	Y	N	I	G	I	O	N
■	R	■	E	■	O	■	I	■	I	■	N	■
Y	M	D	D	I	R	I	E	D	A	E	T	H
■	S	■	L	■	E	■	R	■	U	■	O	■

Rhif 13

```
. B . S . G . . P . C . L .
E W Y T H R . Y N Y S I G .
. N . U . W . P . W . Q . .
O D A N . P R E C I O U S .
. . E . I . D . L . I . . .
L L A C H A R . N Y D D U .
. . A . U . A . D . . . . .
B E C W S . W I N D I N G .
. R . O . T . R . R . A . .
H A R D S H I P . P R I N .
. S . Y . E . O . I . L . .
D E A D L Y . R O C K E T .
. D . D . D . T . K . D . .
```

Rhif 14

```
. I . I . A . A T . . T . .
C O E S Y N . S P R E A D .
. G . S . O . I . A . R . .
T A L U . G A D A W O D D .
. . E . O . E . S . . D . .
S E A S I D E . S T R I P .
. N . . D . P . . . . A . .
R O A S T . M A N M A D E .
. R . C . S . R . E . . . .
U M B R E L L A . L I M E .
. O . I . I . D . O . . . .
J U M P E D . O R D E R S .
. S . . T . E . X . Y . E .
```

Rhif 15

```
S W Y N . I S O L A T E D .
E . C . P . A . A . U . U .
A T H L E T E . W R E C K .
R . E . E . T . R . S . E .
C Y N O R T H W Y Y D D . .
H . . . A . U . G . A . T .
E D M Y G U . P R A Y E R .
D . A . E . M . I . . . Y .
. A N Y . H I N S A W D D .
N . K . S . D . I . A . . .
A G I S T . D I A N G E N .
V . N . A . A . U . E . O .
Y N D E R B Y N . Y N Ô L .
```

Rhif 16

```
Y O G H U R T . H O L L Y .
U . W . N . R . A . L . N .
P L E I D L E I S I O D D .
P . I . E . I . . . F . Y .
Y E T . R H A N B A R T H .
. H . L . L . R . U . . E .
M A R G I N . H E D D L U .
Y . E . N . A . I . D . . .
N I D O E D D Y N . I A U .
Y . O . F . T . A . C . . .
C A E T H W A S I A E T H .
H . D . E . I . A . T . O .
U N D E R . L A U G H E D .
```

Rhif 17

```
S L E N D E R . P O W E R .
N . C . A . A . O . R . E .
A W O K E . P Y S G O T A .
I . N . A . I . S . T . C .
L L O F R U D D I A E T H .
. M . Y . S . B . . . . E .
P R I O D I . D I F R O D .
R . . D . D . L . E . . . .
Y S G R I F E N I A D A U .
N . R . A . A . T . U . N .
W E E K E N D . I N C W M .
Y . A . T . L . E . E . A .
D U T C H . Y N S Y D Y N .
```

Rhif 18

```
E N D U R E . F A L T E R .
S . E . H . R . M . R . U .
T A L A I T H . S W Y D D .
A . I . A . Y . E . L . E .
T H O R N . N E R V O U S .
E . . T . G . . . Y . . T .
. C Y F A R W Y D D W R . .
C . O . . . L . R . . . Y .
A T G O F F A . I N C W M .
N . H . A . D . F . H . A .
C L U E S . O U T L I N E .
E . R . Y . L . E . L . E .
L A T E S T . D I L E U .
```

Rhif 19

```
Y F E D . W H I S P E R S
S R . C O . A . C . . . A
T E R F Y S G . T H O R N
U O . T . I . . N . . . G
M A R S H Y . Y S G O L .
I . . R . D . F . M . . F
A R T . E N W D A . I L L
U . E . U . Y . C . . . A
. E X P L A N A T I O N S
B T . I . . . . O D . . H
L L I P A . T I R P O R I
A . . I . I . . Y . U . N
S P E E D I N G . B R I G
```

Rhif 20

```
T R A F F I C . Y C A N T
I R . O . H . C . M . . H
D I F Y R R W C H . E A R
E . . E . I . E . R . . O
S . . I . S I N C I A U .
. . D G T . . . . C . . G
U N I O N Y R U N F A T H
N . D . . E . I . N . . .
A R D D U L L . B A S I C
W . O . N . L . B . . . A
A I R . A N W E L E D I G
R . O . W . C . E . W . E
E R L I D . H Y D E R U S
```

Rhif 21

```
. W . M . B . S . M . B .
D E I A L U . P O E T R Y
. R . N . B . E . D . E .
D E N U . B R A F I A C H
. . . F . L . K . T . W .
E S C A P E D . C E G A U
. Y . C . S . B . R . S .
E M P T Y . C A R R O T S
. P . U . W . R . A . . .
C H A R M I N G . N O S E
. O . I . N . A . E . . E
Y N U N I G . I M A G E S
. Y . G . S . N . N . . N
```

Rhif 22

```
. S . B . U . G . S . C .
R E F R I G E R A T O R S
. E . E . L . A . A . E .
Y N G A N I A D . N E A T
. . . . S . E D . D . T .
D E N T I S T . E S G U S
. C . . . T . C . . . R .
D O U G H . S H O C K E D
. N . R . R . W . Y . . .
S O L O . E L I F F A N T
. M . U . I . L . L . E .
P E R P E N D I C W L A R
. G . S . S . O . R . R .
```

Rhif 23

```
. M . P . A . A . M . C .
D Y F A I S . C A E R A U
. S . N . P . I . I . N .
M E S S . E G W Y L I A U
. L . . . C . T . L . L .
A F F E C T S . M I D S T
. . . G . S . H . O . . .
W E D Y N . P I O N E E R
. R . P . G . R . . . . I
T E E T H I N G . H U G E
. C . I . A . R . U . . H
A T T A I N . W A R M T H
. S . N . T . N . T . . S
```

Rhif 24

```
. C . H . C . A . F . S .
P U R E L Y . C R E A T E
. R . B . M . I . A . I .
D O L L . O R D E R I N G
. . . A . R . S . E . G .
C H W I T H . A D M I T .
H . . . . S . . . N . . .
P O R C H . S T R I N G S
. P . U . O . U . N . . .
O P E R A T E D . L A D Y
. I . V . H . I . A . . O
S N E E Z E . E G N Ï O L
. G . S . R . S . D . . M
```

Rhif 25

C	Y	R	N	■	B	R	A	D	Y	C	H	U
N	■	H	■	C	■	A	■	I	■	L	■	N
A	F	O	N	Y	D	D	■	C	R	U	D	E
U	■	S	■	D	■	I	■	T	■	N	■	D
C	Y	T	H	R	E	U	L	I	A	I	D	■
O	■	■	■	A	■	S	■	O	■	A	■	M
C	O	D	O	D	D	■	E	N	D	U	R	E
O	■	■	■	D	■	U	■	A	■	■	■	D
■	D	E	M	O	N	S	T	R	A	T	E	D
O	■	F	■	L	■	E	■	I	■	A	■	Y
G	O	F	O	D	■	F	E	E	L	I	N	G
O	■	R	■	E	■	U	■	S	■	L	■	O
F	O	O	T	B	A	L	L	■	I	S	E	L

Rhif 28

L	O	T	I	O	N	■	P	R	Y	F	E	D
I	■	R	■	U	■	C	■	E	■	L	■	U
Q	U	I	E	T	L	Y	■	A	L	A	R	M
U	■	E	■	D	■	F	■	D	■	V	■	P
I	L	D	I	O	■	R	E	S	T	O	R	E
D	■	■	■	O	■	I	■	■	■	U	■	D
■	A	S	T	R	O	N	O	M	E	R	S	■
S	■	H	■	■	■	A	■	A	■	■	■	C
C	L	A	S	S	I	C	■	R	I	D	E	R
A	■	L	■	T	■	H	■	R	■	R	■	A
R	U	L	E	R	■	A	B	I	L	I	T	Y
E	■	O	■	Y	■	U	■	E	■	E	■	O
D	I	W	E	D	D	■	E	S	T	R	O	N

Rhif 26

C	L	A	S	S	E	S	■	C	L	U	N	G
O	■	I	■	I	■	W	■	O	■	N	■	O
S	Y	L	W	A	T	Y	F	F	A	I	T	H
B	■	Y	■	R	■	D	■	■	■	O	■	I
■	I	T	S	■	A	D	D	Y	M	U	N	I	R
■	■	G	■	D	■	I	■	E	■	Y	■	I
B	U	R	R	O	W	■	G	W	I	R	I	O
I	■	I	■	D	■	I	■	N	■	U	■	■
C	Y	F	A	D	D	A	W	D	■	N	A	P
Y	■	E	■	■	■	O	■	I	■	F	■	W
C	Y	N	G	H	R	E	I	R	I	A	I	D
L	■	N	■	I	■	■	■	D	■	O	■	T	I
E	Q	U	A	L	■	D	O	L	P	H	I	N

Rhif 29

M	U	G	S	■	E	U	H	U	N	A	I	N
E	■	R	■	T	■	W	■	N	■	G	■	O
D	I	A	M	O	N	D	■	I	R	O	N	S
I	■	S	■	R	■	■	■	O	■	S	■	E
E	X	P	E	R	I	M	E	N	T	A	L	■
V	■	■	■	I	■	A	■	G	■	C	■	A
A	I	D	■	A	P	P	L	Y	■	H	E	N
L	■	E	■	R	■	L	■	R	■	■	■	F
■	H	A	N	D	K	E	R	C	H	I	E	F
O	■	L	■	R	■	■	■	H	■	T	■	O
C	H	I	N	A	■	P	R	O	C	E	E	D
H	■	N	■	W	■	I	■	L	■	M	■	U
R	E	G	I	S	T	E	R	■	U	S	E	S

Rhif 27

S	W	I	M	M	E	R	■	S	T	U	D	■
T	■	N	■	A	■	A	■	A	■	E	■	E
U	N	I	O	N	■	P	I	N	S	I	A	D
N	■	T	■	U	■	I	■	N	■	R	■	F
G	W	I	R	F	O	D	D	O	L	W	Y	R
■	■	A	■	A	■	S	■	G	■	■	■	Y
O	C	L	O	C	K	■	D	I	L	L	A	D
P	■	■	■	T	■	W	■	B	■	L	■	■
E	N	C	O	U	R	A	G	E	M	E	N	T
N	■	O	■	R	■	N	■	I	■	S	■	A
I	N	S	T	E	A	D	■	D	A	T	E	S
N	■	B	■	R	■	E	■	I	■	R	■	G
G	A	I	N	S	■	R	H	O	L	I	A	U

Rhif 30

G	W	Y	N	T	O	G	■	C	A	S	E	G
O	■	M	■	R	■	W	■	O	■	T	■	O
S	P	A	N	I	A	R	D	S	■	R	O	D
O	■	■	■	U	■	T	■	B	■	E	■	■
D	R	E	A	M	■	H	E	I	N	T	I	O
■	■	U	■	P	■	W	■	■	■	S	■	D
G	W	R	T	H	W	Y	N	E	B	I	A	D
U	■	O	■	■	■	N	■	X	■	E	■	■
E	X	P	L	O	D	E	■	A	R	R	A	Y
S	■	E	■	C	■	B	■	C	■	■	■	O
S	E	A	■	C	L	Y	S	T	Y	R	A	U
E	■	N	■	U	■	D	■	L	■	A	■	R
S	O	S	E	R	■	D	■	Y	A	W	N	S

Rhif 31

	A		C		T		M		C
S	T	A	Y	E	D		H	A	E	A	R	N
	A		S		D		E		I		E	
F	L	A	T		E	G	Y	P	T	I	A	N
		A		W		D		H		T		
B	Y	R	D	D	I	O		G	R	A	I	N
N		L		D		D		I		V		
F	E	V	E	R		W	O	U	N	D	E	D
	N		U		C		L		F			
Y	N	C	A	E	L	E	U		E	V	I	L
	I		E		A		R		Y		S	
P	L	A	T	E	S		U	R	D	D	A	S
	L		H		S		S		D		F	

Rhif 34

	U		B		F				C		H	
Y	S	G	U	B	O		D	O	O	M	E	D
	E		R		O		W		R		A	
A	D	A	R		L	L	Y	S	O	E	D	D
			O		I		N		N		I	
E	G	L	W	Y	S	I		D	I	A	N	C
	W				H		D				G	
T	R	W	Y	N		A	R	F	W	I	S	G
	A		N		P		Y		I			
I	C	E	C	R	E	A	M		L	E	T	S
	H		A		A		I		D		H	
L	O	U	D	E	R		A	M	L	D	E	R
	D		W		L				U		M	

Rhif 32

	B		F		U				F		N	
L	L	Y	F	R	N	O	D	I	A	D	A	U
	U		I		D		A		T		W	
M	E	A	S	U	R	E	D		H	I	D	E
			E		E		L		E		E	
S	U	G	G	E	S	T		A	R	O	G	L
	N				S		D				A	
O	R	I	E	L		M	A	C	H	L	U	D
	H		T		S		M		E			
W	Y	T	H		M	O	W	L	D	I	A	U
	W		N		E		A		D		D	
P	L	E	I	D	L	E	I	S	I	O	D	D
	E		G		T		N		W		O	

Rhif 35

G	A	V	E		D	I	P	L	O	M	A	T
W		O		P		O		L		A		U
E	I	C	H	H	U	N		W	Y	N	E	B
D		A		O		A		Y		M		E
D	Y	L	E	T	S	W	Y	D	D	A	U	
I				O		R		D		D		C
L	L	O	S	G	I		N	I	F	E	R	O
L		R		R		B		A				M
	R	E	L	A	T	I	O	N	S	H	I	P
C		N		P		T		N		O		U
L	U	N	C	H		T	R	U	M	P	E	T
W		A		I		E		S		E		E
B	O	U	N	C	I	N	G		A	D	A	R

Rhif 33

	P		Y		T		S		S		P	
F	O	R	M	E	R		C	H	A	I	R	S
	S		Y		A		A		N		Y	
A	T	A	L		G	W	L	E	D	Y	D	D
	I		E		E		E		A		E	
C	O	R	S	Y	D	D		A	L	E	R	T
			G		Y		C		A			
G	O	D	R	O		C	Y	F	U	N	O	L
	X		I		B		N				R	
C	Y	F	W	E	R	T	H		L	A	S	T
	G		I		A		E		L		E	
T	E	I	A	R	S		S	T	U	R	D	Y
	N		U		S		U		N		D	

Rhif 36

G		O	R	L	I	F	O		N	I	C	E	R
R		E		N		E		E		Y		O	
A	I	L	Y	S	G	R	I	F	E	N	N	U	
P		A		U		A				R		N	
H	A	T		R	E	C	O	R	D	Y	D	D	
		I		A		H		A		C		E	
A	R	O	U	N	D		W	I	S	H	E	D	
L		N		C		S		N		I			
R	E	S	P	E	C	T	E	D		O	I	L	
I		H				U		R		L		A	
G	W	I	R	F	O	D	D	O	L	W	Y	R	
H		P		R		I		P		Y		G	
T	A	S	T	Y		O	B	S	E	R	V	E	

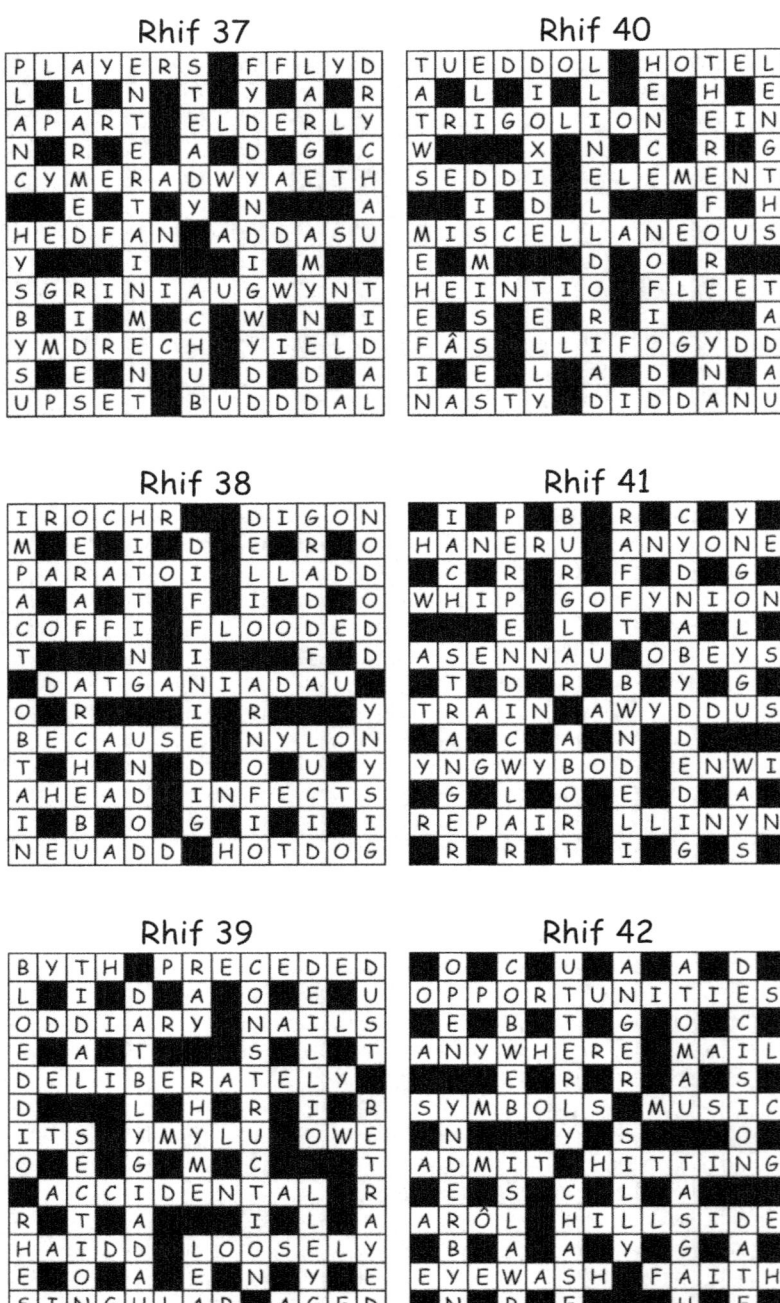

Rhif 43

```
. S F D . S . C . L
F I N E G R . E N A B L E
. M . L . Y . E . R . O .
U N I T . M E M O R I S E
. A . . . I . S . I . G .
S I N C I A U . R A S I O
. . . Y . U . B . G . . .
P L A N K . R E F E R E E
. L . I . R . L . . . I .
C Y N G H O R I . R U S H
. N . I . A . E . A . I .
A C R O S S . F R I D A Y
. U . . . S . . . S N U .
```

Rhif 44

```
. . H . G . O . S . C . C
. J I R A F F . T Y L L A U
. . R . N . F . A . I . L .
W E A R . E S G Y R N O G .
. . . . O . R . E . I . R .
S L E I S Y S . C O P Ï O .
. . L . . . N . K . . . A .
C E M E G . V I C I O U S .
. . T . S . O . L . N . . .
O R I G I N A L . C A W S .
. . A . Y . E . I . I . A .
S W O R D S . N E A R L Y .
. . S . N . T . G . U . K .
```

Rhif 45

```
K I C K . O P E R A T E D
I . L . A . O . E . R . U
T R W Y N A U . Q U I L T
C . Y . N . N . U . O . Y
H Y F F O R D D I A N T .
E . . U . . S . R . G . A
N A M I N G . P E I L O T
S . I . C . S . M . . . H
. E X P E R I M E N T A L
G . T . M . N . N . R . E
R O U T E . E X T R A C T
I . R . N . M . S . P . E
S G E R T I A U . U S E S
```

Rhif 46

```
C I P O L W G . C O L E R
O . O . L . W . Y . L . E
M I S C E L L A N E O U S
E . S . N . E . . . F . C
S K I . Y N D E C H R A U
. . B . D . D . L . U . E
B U I L D S . R Y D D I D
O . L . O . G . S . D . .
B R I L L I A N T . I R O
D . T . . . R . Y . A . D
Y R I S E L D I R O E D D
D . E . I . E . A . T . L
D W S I N . N A U G H T Y
```

Rhif 47

```
E S G I M O S . M U L O D
X . O . I . T . E . L . Y
T O O L S . I N D I A I D
R . D . C . C . I . I . D
A B B R E V I A T I O N S
. . Y . L . O . E . . . U
D E E P L Y . T R E I G L
O . . A . A . R . M . . .
D E M O N S T R A T I O N
I . I . E . O . N . T . Y
B E D R O O M . E X A C T
E . S . U . I . A . T . H
N O T E S . C Y N H E S U
```

Rhif 48

```
A L A R C H . T U A R D E
F . L . L . C . N . E . W
F A L S E L Y . D I A R Y
E . O . D . F . E . L . T
C L W Y D . R U B B I S H
T . Y . E . . . T . T . R
. A N I F E I L I A I D .
U . A . T . S . . . . . S
S O T H A C H . E W C H I
E . I . E . I . L . R . N
F E V E R . W E D D I N G
U . E . O . R . E . S . E
L O S I N G . P R O P E R
```

Rhif 49

N	E	C	K		E	L	E	C	T	R	I	C
O		A		S	E		U	E		E		O
T	O	N	G	U	E	S		R	A	F	T	S
I		O		P		I		L				B
C	O	N	C	E	N	T	R	A	T	E	D	
I			R		O		D		C			C
E	L	M		M	E	R	C	Y		T	H	Y
S		A		A		T		G				T
	G	W	E	R	T	H	I	A	N	N	A	U
A		R		K				L		Y		N
T	H	E	R	E		F	L	O	A	T	E	D
E		D		T		E		N		H		E
B	Y	D	Y	S	A	W	D		B	U	L	B

Rhif 52

	P		N		B		R		M		E	
P	L	E	I	D	L	E	I	S	I	O	D	D
U		D		A		N		L		U		
E	S	G	Y	R	N	O	G		I	N	C	H
			W		K		S		W		A	
O	R	A	N	G	E	S		K	N	O	T	S
H			T			G			E			
C	O	S	B	I		C	O	R	S	Y	D	D
D		Y		E		L		G				
D	E	R	W		G	W	Y	L	A	N	O	D
N		I		W		G		R				A
U	N	I	O	N	Y	R	U	N	F	A	T	H
I		G		L		S		F		S		

Rhif 50

T	R	W	M	P	E	D		P	O	S	T	S
R		A		I		O		L		Y		A
A	N	X	I	O	U	S	L	Y		N	I	D
I				N			B		G		T	D
L	E	D	G	E		A	R	U	C	H	E	L
		I		E		R			E		E	
C	O	N	G	R	A	T	U	L	A	T	E	S
H		I			H		Y			I		
A	R	S	Y	L	W	I		M	W	G	W	D
R		T		O		A		P				I
G	W	R		D	Y	D	D	I	A	D	U	R
E		I		G		A		A		A		T
D	R	O	V	E		U	S	U	A	L	L	Y

*(GŴR) ☺

Rhif 53

	G		S		C		S		W		S	
P	E	P	P	E	R		P	I	R	A	T	E
	I		I		Y		R		A		R	
O	R	E	N		S	T	A	M	P	I	A	U
	F				A		Y		P		W	
H	A	N	D	F	U	L		J	I	G	S	O
		I		T		C		N				
F	F	L	A	T		C	Y	S	G	O	D	I
	F		M		A		F				E	
D	I	T	E	C	T	I	F		W	I	F	E
S		T		O		R		H			E	
D	E	F	E	N	D		O	L	E	W	A	U
G		R		I		I		N			T	

Rhif 51

	N	W		C		F	E			P		
C	E	N	E	D	L		L	U	X	U	R	Y
	A		D		W		A	T		O		
C	R	A	I		S	E	P	A	R	A	T	E
		I		T		S		A		E		
T	A	N	D	D	W	R		C	O	A	C	H
	G		D	R		F		R				T
W	E	A	R	S		C	O	L	D	E	S	T
	N		A	S		L		I				
A	C	C	E	N	T	E	D		N	O	S	E
	I		N		O		I		A		A	
H	E	R	I	O	L		N	Y	R	S	Y	S
	S		O		E		G		Y		S	

Rhif 54

	H		H		C		A		A		P	
P	O	T	A	T	O		T	I	S	S	U	E
	B		N		A		T		K		R	
P	I	L	E		C	L	I	R	I	A	C	H
			R		H		C		N		H	
A	V	O	I	D	E	D		S	G	R	A	P
	I			D		R					S	
V	A	L	V	E		B	A	R	R	I	E	R
	D		I	S		I		O				
H	U	M	O	R	O	U	S		C	L	I	W
	C		L		F		I		E		C	
I	T	S	E	L	F		N	O	D	D	E	D
S		T		A		S			I		S	

Rhif 55

B	A	B	I		D	A	N	G	O	S	I	R
L		O		A	T		W		B			A
A	S	T	U	D	I	O		I	L	A	W	R
N		W		L	M		R		E			E
C	O	M	P	E	T	I	T	I	O	N	S	
E			W		G		O		E			L
D	E	R	B	Y	N		U	N	I	G	O	L
I		H		R		U		E				E
	M	A	R	C	H	N	A	D	O	E	D	D
B		G		H		I		D		L		A
R	H	E	W	I		T	R	O	U	B	L	E
Ê		N		A		E		L		O		N
C	A	W	O	D	Y	D	D		B	W	Â	U

Rhif 58

P	O	U	N	D	S		O	N	I	O	N	S
O		N		A	S		A		P			H
E	X	T	I	N	C	T		C	H	I	N	A
T		I		C		R		Y		N		G
R	H	E	G	I		W	A	N	T	I	N	G
Y			N		Y			Y		O		Y
	F	R	I	G	H	T	E	N	I	N	G	
Y		H		H		I				I		J
S	G	O	R	I	A	U		C	O	C	H	I
G		D		N		R		E		E		G
W	E	D	Y	N		O	C	T	O	P	U	S
Y		I		E		L		R		I		O
D	I	R	D	R	O		C	Y	F	O	E	S

Rhif 56

M	E	I	D	D	I	O		B	W	Y	T	A
E		F		I		P		I	N			R
L	L	Y	F	R	G	E	L	L	O	E	D	D
Y		N		E		N			F			D
N	W	Y		C	L	E	D	D	Y	F	A	U
		R		T		D			E			L
B	U	G	A	I	L		H	I	L	I	O	L
A		R		O		F		N		T		
B	E	I	R	N	I	A	I	D		H	A	S
A		S			M		O		I			I
N	E	I	G	H	B	O	U	R	H	O	O	D
O		A		I		U		S		A		E
D	R	U	G	S		S	N	E	E	R	E	D

Rhif 59

Rhif 57

Rhif 60

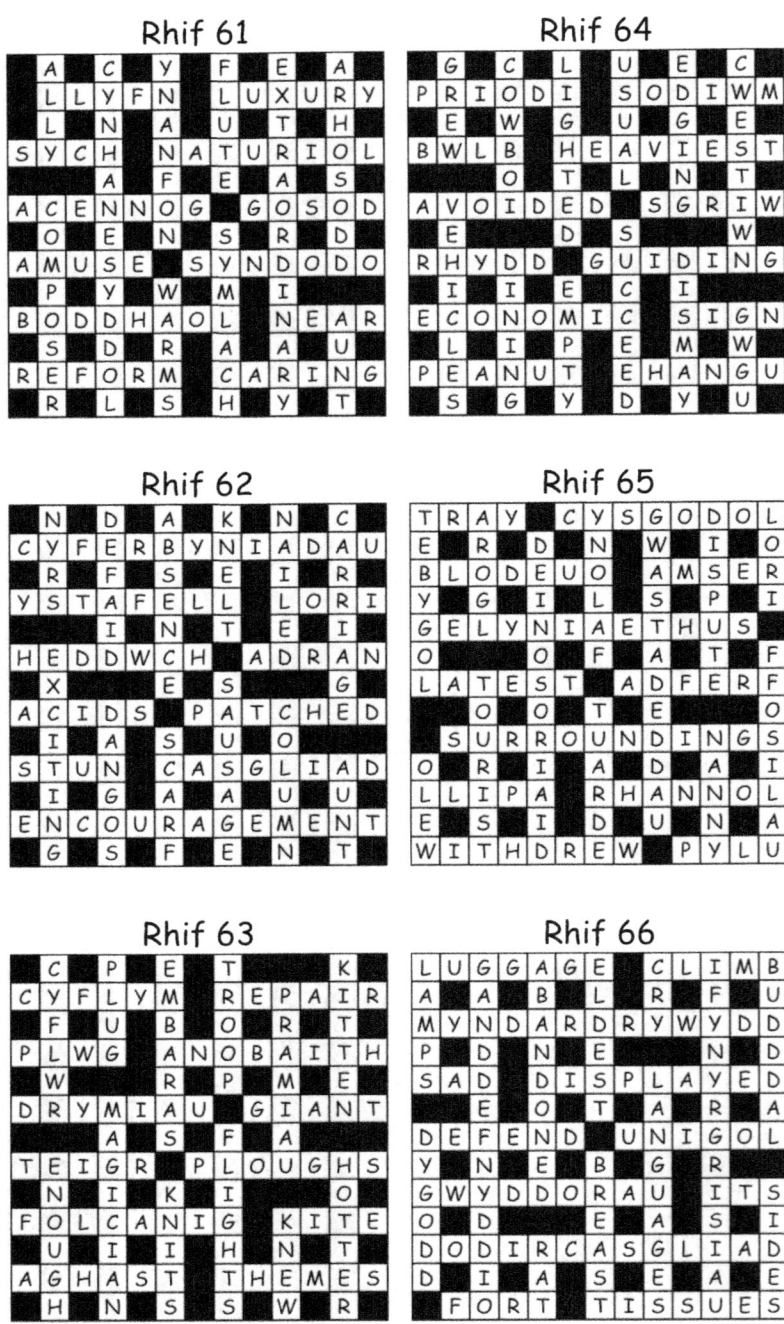

Rhif 67

S	A	M	P	L	E	S		C	W	R	E	L
H		O		L		C	Y		I		U	
E	A	R	L	Y		H	E	F	Y	D		S
E		G		W		O		R		G		C
P	E	R	S	O	N		O	L	I	A	E	T	H
		U		D		L		F				E
A	S	G	W	R	N		C	I	R	C	U	S
D				A		L		A		R		
M	I	S	C	E	L	L	A	N	E	O	U	S
I		T		T		O		N		M		I
R	E	A	C	H	E	S		E	R	L	I	D
E		I		A				G		L		E
D	Y	R	N	U		I	S	L	A	N	D	S

D	I	S	O	D	L	I		C	O	M	I	C
	U		R		F		H		A		Y
D	O	D	O	H	Y	D	I		S	U	M
			W		N		N		N		Y
Y	F	R	O	N		Y	M	A	D	A	E	L
	H		E		R			C		A
S	W	Y	D	D	O	G	A	E	T	H	A	U
I		F			R		L		O		
L	L	E	S	T	R	I		A	M	L	W	G
E		D		A		S		S				A
N	C	D		P	A	I	N	T	I	N	G	S
C		A		I		A		I		O		P
E	F	F	R	O		U	N	C	O	R	K	

Rhif 68

C	L	A	S	P	S		U	S	E	F	U	L
H		R		A		F		U		A		I
E	N	F	O	R	C	E		D	I	L	Y	N
A		O		A		L		D		F		I
T	I	G	H	T		E	R	O	S	I	O	N
S				O		I			A			G
	R	H	O	I	R	G	O	R	A	U	I	
E		E			I		E					L
F	F	A	R	W	E	L		V	O	C	A	L
F		V		A		Y		O		O		E
O	V	E	N	S		D	O	L	F	F	I	N
R		N		P	O	D		T		I		N
T	E	S	T	S			Y	S	G	O	G	I

T		O		G		C		D		N		
B	A	R	B	W	R		W	E	A	K	E	R
E		R		A		I		E		I	
G	R	E	Y		V	A	L	U	A	B	L	E
				D		I		T		R		L
V	A	R	I	E	T	Y		C	Y	S	T	S
	M		W		Y		L		D		U
L	E	D	G	E		C	E	R	D	D	O	R
	R		I		R		I		I		
M	I	L	L	I	O	N	S		A	U	N	T
	C		Y		P		U		E		Y
C	A	N	D	L	E		R	E	T	U	R	N
	N		D		D		E		H		S	

Rhif 69

G	W	G	U		I	N	V	A	D	E	R	S
O		Y		Y		E		C		L		I
L	A	R	Y	M	A	U		H	E	A	R	T
Y		F		D				I		S		S
G	R	A	N	D	P	A	R	E	N	T	S	
Y				A		E		V		I		M
D	I	P		N	U	R	S	E		C	A	U
D		E		G		O		M				L
	A	N	N	O	U	N	C	E	M	E	N	T
S		T		S				N		C		I
T	W	R	C	I		K	E	T	C	H	U	P
O		E		A		E		S		E		L
C	E	F	N	D	R	Y	D		B	L	U	E

Rhif 72

	C		P		T		B		A		S	
U	N	D	E	R	S	T	A	N	D	I	N	G
	A		N		H		R		U		O	
F	U	N	C	T	I	O	N		L	A	W	N
			I		R		S		T		B	
V	I	O	L	A	T	E		E	S	S	A	Y
	N				S		N				L	
E	V	E	N	T		N	I	G	H	T	L	Y
	E		A		S		W		O			
K	N	O	T		M	O	T	H	E	R	L	Y
	T		I		A		R		L		A	
C	O	N	V	E	R	S	A	T	I	O	N	S
	R		E		T		L		O		E	

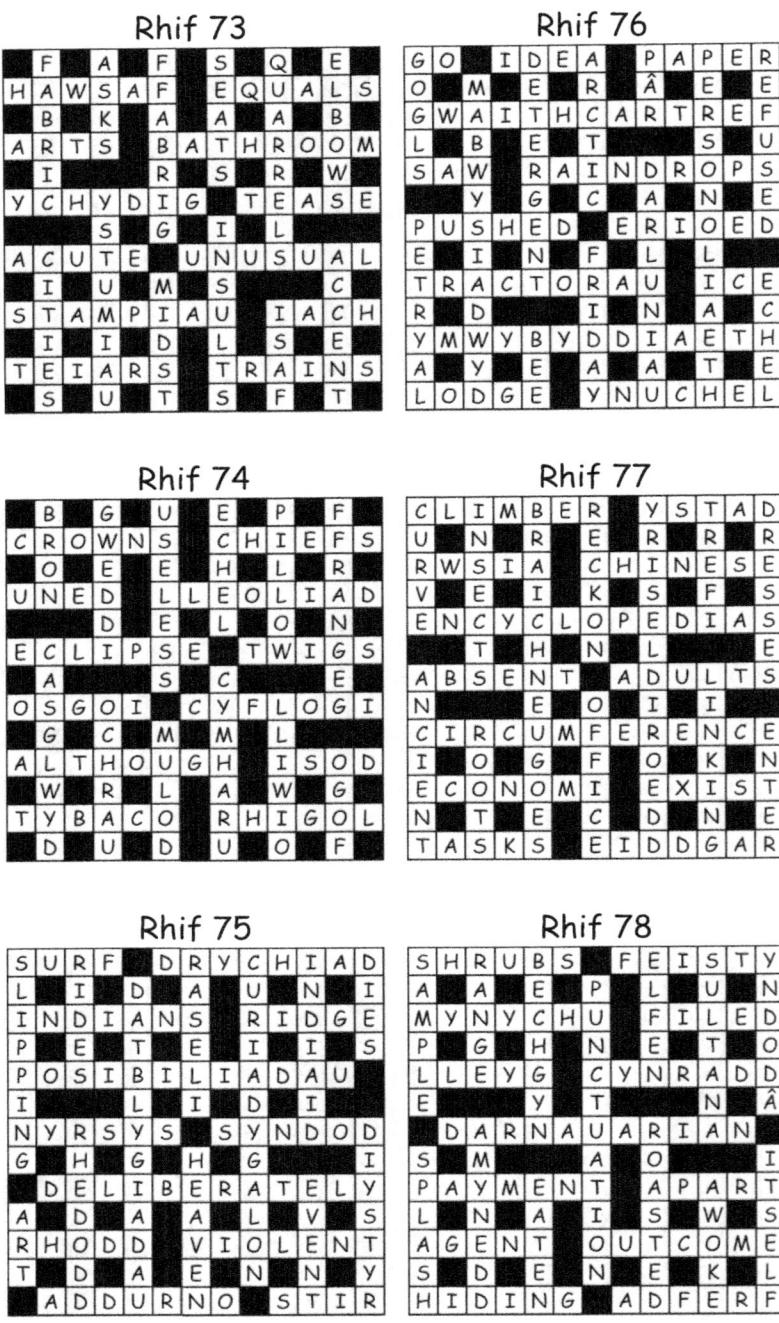

Rhif 79

G	R	A	B	■	O	C	H	R	O	R	A	U
W	■	P	■	H	■	A	■	H	■	H	■	N
R	E	P	L	A	C	E	■	A	R	Y	W	E
A	■	L	■	N	■	■	■	D	■	B	■	D
G	W	Y	D	D	O	N	I	A	D	U	R	■
E	■	■	■	K	■	E	■	C	■	D	■	D
D	Y	N	■	E	N	W	D	A	■	D	A	Y
D	■	E	■	R	■	Y	■	M	■	■	■	D
■	■	M	A	R	C	H	N	A	D	O	E	D
P	■	R	■	H	■	■	■	D	■	X	■	L
R	H	E	S	I	■	I	N	I	T	I	A	L
A	■	S	■	E	■	L	■	M	■	T	■	U
Y	S	T	A	F	E	L	L	■	A	S	Y	N

Rhif 82

C	■	O	■	M	■	S	■	G	■	T	■	■
S	O	R	R	O	W	■	T	O	W	A	R	D
■	C	■	G	■	Y	■	E	■	E	■	O	■
Y	O	G	A	■	N	U	M	E	R	A	L	S
■	N	■	H	■	S	■	T	■	■	■	L	■
R	E	C	I	T	A	L	■	S	H	E	E	T
X	■	S	■	U	■	I	■	F	■	■	■	Y
R	E	L	A	Y	■	Y	M	G	A	I	S	■
C	■	T	■	Y	■	M	■	W	■	■	■	■
A	U	D	I	E	N	C	E	■	R	E	N	T
T	■	O	■	D	■	N	■	O	■	■	■	E
L	E	A	N	E	D	■	S	I	G	N	E	D
D	■	S	■	A	■	■	E	■	I	■	■	D

Rhif 80

P	A	C	I	F	I	C	■	R	H	Y	D	D
A	■	I	■	O	■	A	■	E	■	C	■	Y
R	E	C	O	R	D	E	R	S	■	H	O	G
T	■	■	■	M	■	T	■	T	■	W	■	O
S	Y	C	H	U	■	H	U	S	B	A	N	D
■	■	O	■	L	■	W	■	■	■	N	■	D
C	O	M	P	A	R	A	T	I	V	E	■	■
E	■	M	■	S	■	N	■	G	■	■	■	■
R	E	A	L	I	T	I	■	D	O	U	B	T
E	■	N	■	F	■	A	■	I	■	■	■	Y
A	I	D	■	Y	M	E	R	A	W	D	W	R
L	■	E	■	N	■	T	■	N	■	R	■	A
S	A	D	L	Y	■	H	Y	S	B	Y	S	U

Rhif 83

■	D	E	■	P	■	S	■	C	■	D	■	■
D	I	N	N	E	R	■	O	R	I	G	I	N
■	S	■	G	■	O	■	I	■	R	■	R	■
B	A	T	H	■	V	E	L	O	C	I	T	Y
■	G	■	R	■	I	■	S	■	U	■	■	■
F	R	I	E	N	D	S	■	S	M	E	L	T
■	E	■	I	■	E	■	C	■	S	■	■	L
B	E	R	F	A	■	B	O	T	T	L	E	S
■	■	■	F	■	E	■	N	■	A	■	I	■
S	U	B	T	R	A	C	T	■	N	O	S	E
■	S	■	I	■	S	■	A	■	C	■	I	■
F	E	M	A	L	E	■	C	O	E	S	A	U
■	S	■	U	■	L	■	T	■	S	■	U	■

Rhif 81

■	C	■	E	■	G	■	O	■	O	■	G	■
G	W	R	T	H	W	Y	N	E	B	I	A	D
■	R	■	H	■	E	■	E	■	L	■	L	■
T	W	E	N	T	I	E	S	■	A	B	L	E
■	■	■	I	■	D	■	T	■	I	■	O	■
S	I	A	C	E	D	I	■	A	D	A	P	T
■	N	■	■	■	I	■	W	■	■	■	E	■
A	V	O	I	D	■	B	A	S	G	E	D	I
■	E	■	N	■	H	■	G	■	O	■	■	■
U	S	E	D	■	Y	N	E	G	L	U	R	O
■	T	■	I	■	L	■	N	■	C	■	I	■
R	E	L	A	T	I	O	N	S	H	I	P	S
■	D	■	N	■	F	■	I	■	I	■	E	■

Rhif 84

■	I	■	C	■	I	■	A	■	S	■	S	■
E	C	H	O	E	D	■	M	W	Y	D	Y	N
■	E	■	U	■	D	■	W	■	C	■	N	■
U	S	E	S	■	E	W	Y	T	H	R	O	D
■	■	■	I	■	W	■	S	■	E	■	N	■
C	P	I	N	I	O	N	■	■	D	W	Y	N
■	R	■	■	■	N	■	C	■	■	■	M	■
B	E	A	T	S	■	L	A	R	G	E	S	T
■	C	■	A	■	N	■	S	■	Y	■	■	■
A	I	R	C	R	A	F	T	■	R	A	T	E
■	O	■	L	■	N	■	E	■	R	■	U	■
A	U	T	U	M	N	■	L	L	W	Y	B	R
■	S	■	S	■	Y	■	L	■	R	■	E	■

Rhif 85

	P		P		C		A		R		C	
M	A	W	R	T	H		R	H	E	D	Y	N
	R		I		I		H		S		F	
I	C	E	S		E	X	A	M	I	N	E	D
	H				F		P		G		N	
Q	U	I	C	K	L	Y		S	N	O	W	
			Y		Y		D		E			
C	L	O	F	F		V	I	A	D	U	C	T
	L		U				A				H	
A	W	Y	N	E	B	I	R		T	I	W	B
	Y		I		A		I		Y		E	
E	N	F	A	W	R		E	X	P	E	R	T
	I		D		D		S		E		W	

Rhif 86

E	N	G	A	G	E	D		E	L	V	E	S
I		W		W		E		X		A		P
T	H	E	M	A		P	O	P	U	L	A	R
E		I		I		A		L		V		I
M	E	D	I	T	E	R	R	A	N	E	A	N
		D		H		T		I				G
C	E	I	R	C	H		K	N	O	C	K	S
L				A		S				H		
E	N	G	H	R	E	I	F	F	T	I	O	L
B		A		T		N		E		N		A
R	E	S	E	R	V	E		T	H	E	I	R
A		E		E		M		C		S		G
N	E	S	A	F		A	C	H	I	E	V	E

Rhif 87

P	U	P	P	E	T	S		T	A	C	S	I
A		E		Q		U		O		O		S
C	I	R	C	U	M	F	E	R	E	N	C	E
K		S		I		F		N		V		L
S	U	O		P	A	I	D		M	E	N	D
		N		M		X		D		R		E
C	O	O	L	E	D		S	I	N	S	I	R
W		L		N		A		W		A		
E	X	I	S	T	E	N	C	E		T	U	G
R		A				S		T		I		A
Y	N	E	F	F	E	I	T	H	I	O	A	R
L		T		E		C		A		N		D
A	R	H	Y	D		R	E	F	U	S	E	D

Rhif 88

G	U	T	S		P	A	R	D	O	N	E	D
W		I				W		A		U		I
E	G	G		T	A	N		D	O	C	K	S
R		E		Y		A		O		L		G
S	T	R	A	W	B	E	R	R	I	E	S	
Y				Y		D		C		A		P
L	A	T	E	S	T		C	H	U	R	C	H
L		E		O		E		U				A
	D	I	S	G	Y	N	Y	D	D	I	O	N
A		L		E		E		D		N		T
T	O	W	N	S		R	H	I	A	N	T	A
E		R		A		G		O		E		S
B	L	A	G	U	R	Y	N		G	R	E	Y

Rhif 89

M	A	P	L	E		A	C	U	T	E	R	
U		O		L			R		R		H	
S	Y	L	L	A	B	L	E		O	P	E	N
I		L		S			M		U		N	
C	A	U		T	E	A	P	O	T		G	
I		T		I			O			G		B
A	F	I	A	C	H		G	O	R	W	E	L
N		O			A			U		Y		A
	I	N	D	I	R	E	C	T		L	E	G
	F		E		D			W		L		U
B	A	S	N		D	I	S	A	S	T	E	R
	N		S		A			R		I		Y
	C	R	E	F	F	T		D	R	O	W	N

Rhif 90

C	L	A	S	S	I	C		S	O	U	N	D
I		I		P		O		E		C		R
N	U	D	G	E		N	E	B		H	O	E
I				C		C		R		E		A
O	S	G	O	I		E	N	A	B	L	E	D
		O		A		N				F		
R	E	V	O	L	U	T	I	O	N	A	R	Y
E		E				R		R		I		
C	A	R	D	O	T	A		I	N	N	E	R
I		N		A		T		E				A
P	E	I		S	T	I	L	L	N	E	S	S
E		N		I		O		A		A		E
S	I	G	N	S		N	E	U	T	R	A	L

Rhif 91

S	O	L	D		P	E	D	I	G	R	E	E
T		L		C		L		N		H		A
U	N	I	F	O	R	M		T	O	A	D	S
D		P		N				R		G		Y
Y	M	A	R	F	E	R	C	O	R	F	F	
I				E		I		D		Y		T
N	O	D		N	O	D	A	U		R	A	Y
G		E		S		G		C				W
	A	C	C	I	D	E	N	T	A	L	L	Y
I		H		Y		D		I		L		L
S	E	R	E	N	E		D	O	N	I	O	L
O		A				O		N		F		A
D	O	U	B	L	I	N	G		G	O	L	F

Rhif 94

H	O	L	D	I	N	G		G	O	F	A	L
I		Q		M		A		A		I		L
D	R	O	P	P	E	D		T	A	N	I	O
E		K		O		G		E		D		N
S	O	S	E	R		E	A	S	T	I	N	G
				T		T				N		A
F	I	N	I	S	H		L	L	Y	G	R	U
R		E				C		O				
A	B	I	L	I	T	Y		W	A	S	T	E
N		D		D		F		E		P		A
T	W	I	C	E		L	A	R	G	E	S	T
I		A		A		Y		E		A		E
C	L	U	E	S		M	O	D	U	R	O	N

Rhif 92

T	Y	B	A	C	O		M	E	D	D	W	L
I		R		A		R		N		E		L
G	O	O	D	B	Y	E		W	H	I	T	E
E		G		B		S		D		L		I
R	H	A	C	A		E	N	A	B	L	E	D
S				G		R		I				R
	O	B	S	E	R	V	A	T	I	O	N	
R		E		A		R				P		S
H	A	R	D	E	S	T		A	B	O	V	E
E		R		R		I		P		C		N
D	A	I	S	Y		O	P	P	R	E	S	S
W		E		D		N		E		A		E
R	E	S	C	U	E		D	I	N	A	S	

Rhif 95

O		L		T		R	A	S		S		
U	N	D	E	R	S	T	A	N	D	I	N	G
		G		I		H		N		D		A
C	L	I	N	G	I	N	G		A	R	T	H
				I		R		E		S		C
C	Y	M	O	R	T	H		O	U	G	H	T
		M				S		M				E
T	W	I	G	S		T	O	R	N	A	D	O
		E		R		S		D		E		
E	L	S	E		C	Y	F	W	E	R	T	H
		W		E		A		E		D		H
C	Y	D	N	A	B	Y	D	D	D	E	D	I	G
		R		S		S		D		D		N

Rhif 93

P	W	N	C		O	B	S	E	R	V	E	D
A		O		J		I		W		I		I
R	U	B	B	I	N	G		C	L	O	S	E
T		L		G		G		H		L		D
I	D	E	A	S		E	R	I	O	E	D	
C				O		R		N				L
L	A	T	E	S	T		P	I	S	T	O	L
E		U				S		M				Y
	C	R	W	B	A	N		A	M	O	N	G
W		T		A		E		G		U		O
O	I	L	E	D		E	M	E	R	G	E	D
L		E		G		Z		S		H		E
F	A	S	T	E	N	E	D		S	T	U	N

Rhif 96

E		R		O		T		A		S		
A	N	G	H	Y	F	F	O	R	D	D	U	S
V		I		F		A		D		I		I
M	Y	N	E	D	I	A	D		I	N	T	O
		N		C		S		N		A		
D	E	V	I	S	E	D		S	G	U	B	O
N				S		Y		Y				L
M	I	L	W	R		C	R	I	C	K	E	T
		A		P		U		L				
F	L	A	T		H	A	N	F	O	D	O	L
I		E		A		M				U		W
C	O	R	R	E	S	P	O	N	D	I	N	G
N				Y		E		R		Y		S

Rhif 97

	E	D		R		S		E	D	
S	M	O	O	T	H		G	A	N	R O I
	Y		D		A		R	T		C
E	N	W	I		G	R	A	C	E	F U L
			R		L		P		R	M
S	M	A	C	K	E	D		O	T	H E R
	O		A		N		Y		A	N
F	R	E	S	H		T	S	H	I	R T S
	N		G		O		G		N	
D	I	F	L	A	N	N	U		M	E A N
	N		I		E		B		E	G
	G	R	A	S	S		W	I	N	D O W
	S		D		T		R		T	S

Rhif 100

	R		E		G		S		C		L	
M	E	I	N	W	E		P	H	O	N	E D
	S		T		N		O		N		A	
B	I	T	E		E	X	I	S	T	I	N G
	G		R		R		L		R			
I	N	I	T	I	A	L		M	I	N	U S
	E		A		L		C		B		R	
A	D	A	I	N		G	R	O	U	N	D S
			N		A		U		T		D	
P	A	Y	M	E	N	T	S		I	S	A F
	R		E		G		H		O		S	
B	A	R	N	W	R		E	G	N	Ï	O L
	F		T		Y		D		S		L	

Rhif 98

Ydych chi hefyd yn siarad Ffrangeg?

Efallai yr hoffech chi roi cynnig ar y llyfr croeseiriau Saesneg-Ffrangeg gyda 100 o bosau i'ch diddanu - anrheg berffaith i ddysgwyr a siaradwyr rhugl fel ei gilydd.

Rhif 99

Bonws

Rhowch gynnig ar y croeseiriau a'r posau hyn a gymerwyd o lyfrau eraill yn y gyfres Scribo Crossmots

Fe welwch yr atebion yno hefyd

I weld yr holl lyfrau ewch i crossmots.com

Ydych chi hefyd yn siarad Almaeneg?

* Toughnut 1 * - Artist (7,7)

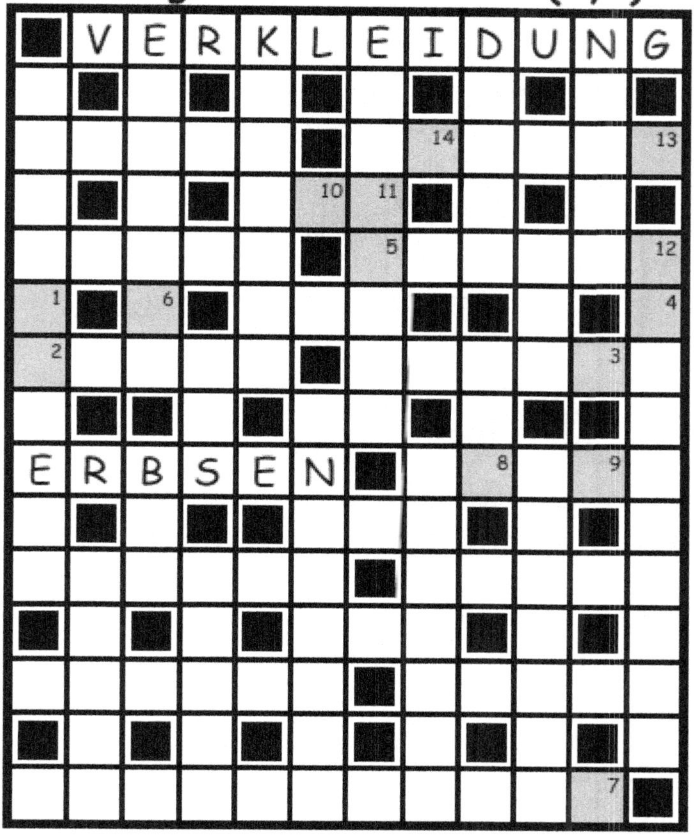
VERKLEIDUNG
ERBSEN
14
13
10
11
5
12
1
6
4
2
3
8
9
7

A Auseinander (5)
A Helfen (6)
B Till (3)
D Angebote (5)
E Östlich (7)
E An (3)
E Ice (3)
E Elves (5)
E Betonung (8)
E Draft (7)
E Dining-
I Eis (3)
I I (3)
I Her (3)
I Inner (6)
I Island (5)
K Circling (7)
M Massive (6)
N Nets (5)
N Nasen (5)
N Substantive (5)
N Just (3)
P Lob (6)
P Price (5)
P Drucker (7)
S Stole (5)
S Roadside (11)
T Sich (10)
T Da (5)
U Unpleasant (10)
U Universum (8)
U Uns (2)
V Dampf (6)
☹ = 214.

* Small Toughnuts 1/2 *

Sportsman

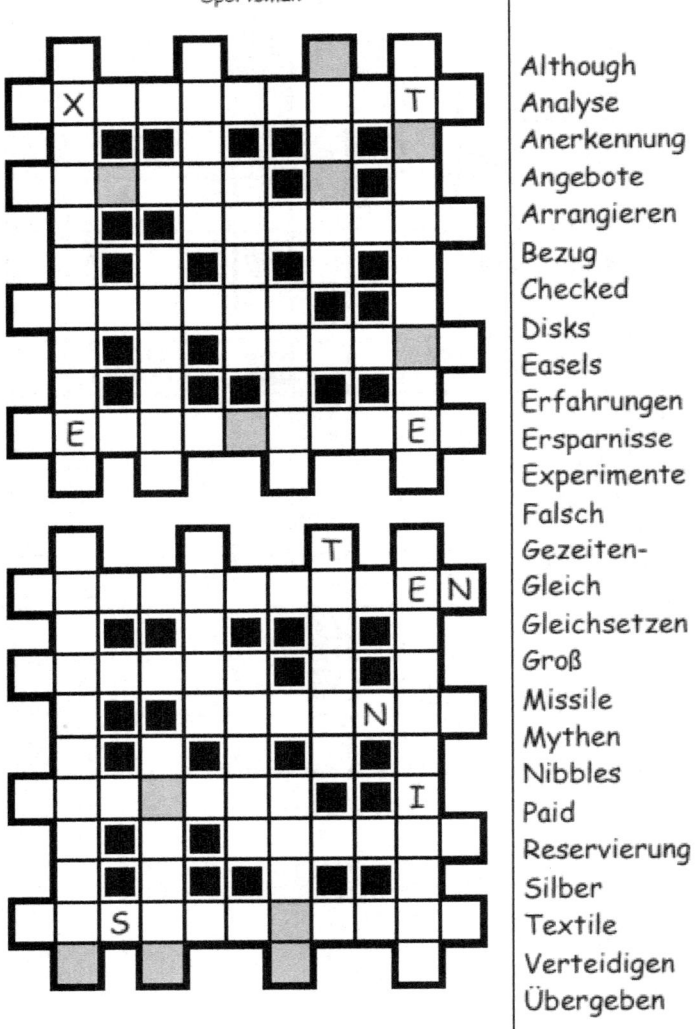

Although
Analyse
Anerkennung
Angebote
Arrangieren
Bezug
Checked
Disks
Easels
Erfahrungen
Ersparnisse
Experimente
Falsch
Gezeiten-
Gleich
Gleichsetzen
Groß
Missile
Mythen
Nibbles
Paid
Reservierung
Silber
Textile
Verteidigen
Übergeben

Sut mae eich Eidaleg?

* Starter 4 *

Across
1. Scarpe (5)
3. Cucchiaio (5)
5. Tubo (4)
6. Tavolo (5)
7. Inglese (7)
10. Cerchio (6)
13. Mela (5)
14. Musica (5)
15. Tre (5)

Down
2. Speciale (7)
3. Sud (5)
4. Mai (5)
5. Matita (6)
8. Pepe (6)
9. Manicotto (6)
11. Classe (5)
12. Esatto (5)

☻ = 197

* Word Search 1 *

E	A	Y	I	M	P	A	C	T	A	I	P	P	A	A
N	M	M	E	E	K	B	S	O	S	O	Y	I	G	A
F	J	W	P	G	Z	U	R	S	S	S	R	R	N	R	Z
H	K	A	R	Z	G	E	E	O	E	O	I	A	H	G
W	E	F	I	G	P	T	V	L	T	T	P	T	W	F
Z	X	G	C	U	S	R	Y	I	R	S	T	U	M	D
S	P	E	C	I	E	T	D	O	I	N	G	E	Y	O
U	E	E	O	N	S	E	P	R	O	T	E	C	T	S
B	R	N	Z	L	S	M	P	R	E	T	A	I	N	C
T	T	S	S	D	I	P	M	N	E	A	F	I	A	G
D	E	Z	K	E	S	O	S	T	O	R	M	S	Z	N

(Find 20 Words) / ☻ = 200

Ydych chi hefyd yn siarad Sbaeneg?

* Difficult 2 *

(All answers in Spanish)

Across

1. Loves, likes or admires (3)
8. Street or circus performers (12)
9. Brother of my father or mother (3)
11. Not to be re-invented (5)
12. Operated (7)
14. Entrance of a house (4)
15. Reproductions of the originals (6)
18. Looks after children (6)
20. Does not love, like or admire (4)
23. Rural type (7)
25. Material used in making pathways (5)
27. Follows night, seen at dawn (3)
28. Under different circumstances (2, 4, 6)
29. Exist (3)

Down

1. Torches (9)
2. Music is the food of? (4)
3. A bivalve mollusc (6)
4. Civil Works (5)
5. Found in a forest (5)
6. One direction (4)
7. Thick viscous liquid made with sugar (6)
10. Find the whereabouts (9)
13. Staple food (3)
16. Parents (6)
17. Male offspring (3)
19. Picture or representation (6)
21. Docile, or house-trained (5)
22. Canals, lakes or rivers (5)
24. Part of a play (4)
26. Attached to the fuselage (4)

☺ = 219

Printed in Great Britain
by Amazon